KB190797

복 있는 사람

오직 여호와의 율법을 즐거워하여 그 율법을 주야로 묵상하는 자로다.
저는 시냇가에 심은 나무가 시절을 좇아 과실을 맺으며 그 잎사귀가 마르지 아니함 같으니
그 행사가 다 형통하리로다. (시편 1:2-3)

젊은 시절, 시몬 베유는 내게 영혼의 채무였다. 살갗이 벗겨진 것처럼 세상의 아픔과 자극에 예민하게 반응하는 사람의 존재는 충격 그 자체였다. 어정잡이로 살고 있다는 자각이 들 때마다 그녀의 모습이 떠올랐다. 다른 이들이 겪는 고통이 살과 영혼 속에 각인되어 자신을 노예라 여기는 사람, 불행으로 인해 사물화된 사람을 사랑과 관용으로 대해 인간의 상태로 되돌리고자 하는 사람, 가장 깊은 신의 사랑이라는 본질에 당도하기 위해 자기를 몰아대면서도 결코 섣부른 위안으로 도피하지 않는 사람, 그리스도께 사로잡혔으나 더 큰 세계와 접촉하기 위해 종교의 틀 속에 들어가기를 꺼리는 사람, 세상의 혼돈에 마음 아파하면서도 눈을 들어 그리스도를 바라보는 사람. 시몬 베유는 그런 사람이었다.

지금 한국교회는 발치 아래까지 불이 붙었는데도 혼곤한 잠에 빠져 있는 사람과 다를 바 없다. 파수꾼의 나팔 소리조차 들리지 않는다. 우리가 시몬 베유를 다시 호명하는 것은 살기 위해서다. 다시 일어서기 위해서다. 마음에 드리운 욕망의 더께를 걷어 내고 살과 같이 부드러운 마음으로 회복하기를 소망하기 때문이다. 베유에게 종교는 다른 무엇이 아닌 하나의 시선이다. 신을 향해 우리의 시선을 돌리는 것이다. 광야에서 이스라엘이 구리뱀을 바라보았듯, 우리의 시선을 그리스도께 두고 죄의 중력에 저항하자고 그녀는 말한다. 무얼 하든, 어디에 있든 날마다 우리의 눈을 들어 저 구리뱀을 응시할 수 있기를 바란다.

김기석, 청파교회 원로목사

시몬 베유의 『신을 기다리며』를 다시 손에 든다. 설레면서 두렵다. 평생 책을 벗 삼아 살아오면서 매혹하고 사랑하게 하고, 존경하고 감탄하게 하는 헤아릴 수 없이 많은 작가와 사상가와 예술가들을 만났지만, 베유를 읽는 것은 언제나 특별한 일이며 내밀하고 개인적인 '사건'이다. 베유를 처음 만난 것은 오래전 일이지만, 가끔씩 그녀의 글을 읽을 때마다 여전히 새롭게 출발점에 서는 체험을 한다. 티 나지 않게 관성과 안위에 따라 살 수 있도록 공들여 축조해 놓은 안전장치들이 속절없이 무너져 내리고, 진리를 향한 여정을 감행하고 삶을 변화시켜야 한다는 내면의 부름에 사로잡힌다.

중학교에서 고등학교로 넘어가는 문턱이었던 겨울, 인생을 어떻게 살아야 하는지 깊이 고민하던 시기에 베유의 급우인 시몬 페트르망이 쓴 『불꽃의 여자, 시몬 베유』를 통해 그녀를 만났다. 자주 새벽을 넘겨 책을 읽던 그 겨울에 베유가 사랑해 마지않았던 조르주 베르나노스의 『어느 시골 신부의 일기』를 만났고, 도스토옙스키의 『카라마조프가의 형제들』에 빠져 있었다. 그들은 서로 닮기도 하고 다르기도 하지만, 그들 모두는 한 소년에게 삶에서 가장 중요한 주제는 인간의 고통, 신의 사랑, 은총의 현존이라는 것을 각인시켰다. 그 겨울을 보내고, 인생이 이전과 같을 수 없음을 느꼈다고 기억한다.

베유가 남긴 방대한 유고 가운데 『신을 기다리며』에 실린 편지들만큼 직접적이면서도 섬세하게 독자의 마음에 다가오는 글은 없을 것이다. 지성의 명료함과 의지의 결연함이 그녀의 사유와 행동을 관통했지만, 이 편지들을 통해서 사실 그 밑에는 깊은 사랑이 있었음을 알게 된다. '주의력'과 '기다림'으로 신의 사랑에 응답하는 사람만이 자기중심주의와 불의함과 감정의 열광에서 자유로워져, 온전하고 순수한 사랑과 우정을 타인과 나눌 수 있다는 것을 배우게 된다.

베유를 깊이 사랑하고 존경하는 옮긴이가 마음을 다해 공들여 번역하고 정갈하게 해설한 『신을 기다리며』를 새해의 시작에 만난 것은 큰 기쁨이다. 베유는 물질주의와 권력욕과 전체주의가 인간을 타락시킨다고 보았다. 그녀의 통찰이 오늘날 우리가 사는 시대와 우리 자신에게 얼마나 절실한지는 두말할 필요가 없을 것이다. 많은 이들이 그녀를 만나고, 새롭게 출발점에 서는 체험을 하기를 간절히 기원한다.

최대환, 천주교 의정부 교구 신부

인간이 자신을 잊고 신을 향한다는 것은 무엇일까. 신앙을 갖지 않은 나에게 이 책은 신앙에 대한 지극히 성스러운 답변으로 읽힌다. 눈을 가리는 감정을 걷어 내고 홀로 존재할 것. 선善을 위해 자신을 내맡길 것. 삶의 고통마저도 기꺼이 받아들일 것. 겸손한 마음으로 완전한 주의를 기울일 것. 시몬 베유는 철학자이자 정치가로서 이 모든 결단을 스스로 고민하는 지성이기도 했다. 2차 세계대전의 소용돌이 가운데 자신의 사상을 전개했기 때문일까. 집단적 경험을 경계하면서도 초월적인 신의 섭리에 따르고자 했던 베유의 치열한 고민과 경건한 마음이 느껴진다. 가장 인간다운 방식으로 가장 성스러운 삶을 살았던 한 인간, 수많은 '주의'ism 속에서 신을 소명으로 삼았던 한 인간의 기록을 읽는 동안 독자는 순수한 단독자로 돌아갈 것이다.

김겨울, 작가·유튜브 채널 〈겨울서점〉 운영자

시몬 베유는 우리 시대의 유일한 위대한 정신이다.

알베르 카뮈

시몬 베유의 영혼은 그녀의 천재성과는 비교도 안 될 만큼 숭고하다.

T. S. 엘리엇

시몬 베유는 그리스도인과 비그리스도인의 교차로에 선 채 모든 '외부인'의 수호성인이 되었다.

앙드레 지드

힘차고 밀도 있는 시몬 베유의 글은 중독성이 있으며, 그녀의 정신의 범위는 너무도 넓고 깊다.

로완 윌리엄스

시몬 베유의 글은 놀라움을 넘어, 때로는 충격적이며, 영적 통찰로 가득하다.

「뉴욕타임스」

시몬 베유는 전설이 되었고, 그녀의 글은 우리 시대의 고전이 되었다.

「뉴요커」

시몬 베유의 어조는 매우 이질적이만, 그녀의 관심사는 오늘 우리와 너무도 가깝다.

「가디언」

신을
기다리며

Attente de Dieu
Simone Weil

신을 기다리며

시몬 베유

복 있는 사람

신을 기다리며

2025년 1월 15일 초판 1쇄 인쇄
2025년 1월 22일 초판 1쇄 발행

지은이 시몬 베유
옮긴이 이창실
펴낸이 박종현

(주) 복 있는 사람
주소 서울특별시 마포구 연남동 246-21(성미산로23길 26-6)
전화 02-723-7183(편집), 7734(영업·마케팅)
팩스 02-723-7184
이메일 hismessage@naver.com
등록 1998년 1월 19일 제1-2280호

ISBN 979-11-7083-240-9 03230

Attente de Dieu
by Simone Weil

Originally published in 2016 in French under the title
Attente de Dieu by Albin Michel
All rights reserved.
This Korean translation edition © 2025 by The Blessed People Publishing Inc.,
Seoul, Republic of Korea.

차례

옮긴이의 글

1. 시몬 베유의 마지막 나날들

『신을 기다리며』는 시몬 베유가 쓴 여섯 통의 편지와 다섯 편의 에세이, 그 밖에 부록에 수록된 세 통의 짧은 편지로 구성된 책이다. 그 편지와 에세이에는 1950년 책이 출간될 당시 편집에 전반적으로 관여한 조제프 마리 페랭 신부가 붙인 제목이 들어 있다. 책에 수록된 글들은 모리스 슈만에게 보내는 편지[1943]를 제외하고 모두 1942년에 작성되었다.

그렇다면 베유가 글을 쓴 시기는 2차 세계대전 한복판이다. 당시 베유는 파리를 떠나 마르세유로 내려와 있었고, 그곳에서 페랭 신부를 가끔씩 만나며 편지를 교환한다(이 책에 실린 네 통의 편지). 그리고 5월 14일 그곳을 떠나 배를 타고 미국으로 가던 중 기착지인 카사블랑카의 수용소에서 두 통의 편지를 쓴다. 베유의 글 대부분은 유고로 출간되었지만, 『신을 기다리며』는 베유가 죽음을 한 해 앞둔 시점에서 쓴 글이라는 점에서 그녀의 마지막 유언처럼 읽히기도 한다.

베유는 미국에 도착하는 대로 런던의 자유프랑스정부에 합류할 계획이었고, 그곳에서 다시 프랑스로 투입되어 나치에 맞서 최전선에서 죽겠다는 각오를 하고 있었다. 1942년 12월 마침내 런던으로 간 베유는, 그녀의 고등사범학교 동급생으로 자유프랑스정부 요인 가운데 한 명인 모리스 슈만의 사무실에서 한동안 일하며 자신을 프랑스로 파견해 줄 것을 집요하게 요청한다.

그러나 그녀는 이미 몸이 극도로 쇠약해져 있었고, 조국의 동포와 병사들 생각에 괴로워하며 음식을 거부하다, 1943년 8월 24일 영국 켄트주 애슈퍼드 요양소에서 숨을 거둔다. 장례식에는 일곱 사람이 참석했다. 그 가운데 모리스 슈만이 있었고 그가 기도문을 읽었다.

1944년 6월 연합군이 노르망디에 상륙하고 8월 25일 파리가 해방된 뒤, 그녀의 귀국을 기다리던 친구들은 1년 전에 이미 그녀가 사망했다는 소식을 전해 듣는다.

2. 페랭 신부와의 만남

1940년 6월 파리가 나치의 손에 함락되자 프랑스는 독일에 항복하고 비시에 친독 정권을 세운다. 그해 10월 베유는 파리를 떠나 마르세유로 향했으며, 그 이듬해 마르세유의 도미니크회 수도원장으로 피난민 구제 활동에 은밀히 가담하고 있던 페랭 신부를 알게 된다.

베유의 간청으로, 페랭 신부는 1941년 여름 그녀가 귀스타브 티봉의 포도 농장에서 일할 수 있도록 주선해 준다. 그렇게 베유는 평신도 가톨릭 신학자이자 농부 철학자 티봉을 만나게 되었다. 1942년 그녀는 미국으로 떠나기 전역에서 티봉에게 가방을 맡기는데, 그 안에 들어 있던 열 권이 넘는 노트의 글이 티봉에 의해 편집되어 출간된 것이 바로 『중력과 은총』이다. 『신을 기다리며』 부록에는 그에게 보내는 편지의 발췌본이 실려 있다.

3. 글이 작성된 상황과 배경

베유는 논문을 발표하거나 산발적으로 잡지에 글을 기고한 것 외에 출판을 목적으로 책을 쓰지는 않았다. 그녀의 글 대부분은 여러 사람의 손에 흩어져 남아 있던 것이다. 『신을 기다리며』에 포함된 글들 역시 전쟁 시기에 베유가 소명이라 믿었던 바를 완수하기 위해 쉴 새 없이 행동하는 와중에 누군가에게 부치거나 맡긴 것이다. 그녀가 미국행 선박을 기다리며, 혹은 배에 오르기 직전, 아니면 기착지에 잠시 머무르며 급하게 쓴 편지나 소포로 부친 글들이 소실되지 않고 수신자의 손에 극적으로 이르렀고, 나치의 손에서도 살아남게 된 것이다. 그 글들은 그녀가 죽고 전쟁이 끝났을 때 수집되고 편집되어 기적적으로 우리의 손에 이르렀다.

그 기적에 동참한 수신자들은 베유가 제기한 질문의 가치는 물론, 그녀가 생전에 밝힌 의사를 분명히 이해하고 있었다. 즉 베유는 자신이 진리라 확신한 그것들을 두고 다른 이들에게도 대화의 가능성이 열리기를 희망했다는 것, 또 자신의 생각들이 향후 토론의 장이 되어 주기를 바랐다는 것이다.

그중에서도 『신을 기다리며』는 - 무엇보다 그 안에 포함된 편지들이 그렇거니와 - 그녀의 목소리가 가장 생생하게 와닿는 글이라 할 수 있다. 허물없는 일상의 언어로 쓰인 문장들이기에 우리에게 더 큰 감동을 전해 준다. 또한 자신의 영적 지도자이며 친구이자 신뢰의 대상이던 인물에게 털어놓은, 그녀의 글들 가운데 가장 솔직하고 직설적이며 열정을 담은 글이기도 하다.

1) 편지

‹편지1›은 베유가 1942년 1월 마르세유에서 쓴 것이다. 그
안에는 미국행을 결심한 그녀의 고뇌와 함께, 조국을 떠
나야 한다는 어렴풋한 소명 앞에서의 갈등이 담겨 있다.
편지를 받은 페랭 신부는 답장을 보냈고, 거기에 대해 베
유는 같은 주제로 추신을 보낸다(‹편지2›).

그 후 4월에 베유는 미국으로 떠날 마음의 준비를 하며
비교적 짧은 편지를 페랭 신부에게 보낸다(‹편지3›).

그리고 마찬가지로 마르세유를 떠날 무렵 쓴 ‹편지4›를
배에 오르기 직전 페랭 신부 앞으로 부치는데, 이 편지는
일종의 짤막한 자서전으로서 훗날 페랭 신부는 그것에
'영적 자서전'이라는 제목을 붙인다. 여기서 그녀는 자신
의 삶의 궤적과 중요한 전환점들을 묘사하고 있으며, 그
녀 스스로 그리스도와의 중요한 접촉으로 인지한 세 차례
의 경험을 언급한다.

‹편지5›를 쓸 당시 베유는 배를 타고 미국으로 가는 도중
경유한 카사블랑카에 체류하고 있었다. 그사이 그녀는 S에
게 편지와 소포를 보내면서 페랭 신부에게 간접적으로 안
부를 전한다.

15

5월 26일에도 그녀는 아직 미국행 선박을 기다리며 카사블랑카에 체류 중이었다. 페랭 신부가 '마지막 편지'라는 제목을 붙인 ‹편지6›은 S에게 보낸 소포 안에 포함되어 있었다.

2) 에세이
‹신을 향한 사랑을 위해 학업을 선용하는 것에 대한 고찰›은 베유가 1942년 4월 마르세유에서 몽펠리에의 가톨릭 학생들을 위해 쓴 에세이다. 그러나 페랭 신부에게 미처 전달하지 못한 이 글을 그녀는 카사블랑카에서 S에게 보내는 소포 안에 넣어 부친다. 이 글에는 그녀에게 소중했던 개념인 '주의력'의 기반이 어떻게 학업을 통해 마련되는지에 대한 고찰이 담겨 있다.

마찬가지로 1942년 봄에 쓴 ‹신을 향한 사랑과 불행›은 그녀가 미국으로 출발하기 며칠 전 페랭 신부 앞으로 부친 글이다.

‹신을 향한 암묵적인 사랑의 형태들› 역시 1942년 봄에 썼지만 그녀가 미국으로 출발하기 직전 다른 사람에게 맡겨 페랭 신부의 손에 들어온다.

‹주기도문에 관하여›는 1941년 그녀가 티봉의 포도 농장

에 고용되어 일할 당시 반복해서 기도문을 암송하며 받았던 은총에 대한 내면의 고백과도 같은 글이다.

‹노아의 세 아들과 지중해 문명사›에는 페랭 신부의 지적처럼 그녀의 극단적인 박식함이 드러난다. "그녀는 종교 인류학의 기반을 마련한 첫 인물이다"라는 르네 지라르의 평가를 수긍하게 만드는 글이기도 하다.

4. '신을 기다리며'

베유는 작가가 아니었고 그녀의 글은 작품이 아니었다. 그녀는 자신의 시대에 눈앞에서 벌어지는, 이성을 완전히 넘어선 무수한 폭력과 불의를 목격하며 달아나지 않고 그에 맞섰던 인물이다.

이처럼 그녀의 글은 시대 상황과 온전히 맞물려 있었기에 그녀의 삶에 대한 정보와 이해 없이 글의 의미를 파악하기는 불가능하다. 그녀가 쓴 글은 그녀의 삶의 연장이며, 문학이 아닌 고백이자 증언이기 때문이다.

"진리를 갈망한다는 건 현실과의 접촉을 갈망하는 것이다"라고, 그녀는 학업을 마치는 시점에서 확신한다. 그렇게 베유는 그 시대가 처한 현실, 1930-40년대 유럽이라는 끔찍한 현실과 함께하기로 결심한다. 이후 그녀는 철학 교사로, 공장 노동자로, 포도 농장에서 포도 수확을 하며, 또 스페인 내전에 참여하고 프랑스 레지스탕스에 합류하며 34년이라는 짧은 생애 동안 어느 누구보다 그 시대에 깊이 관여하게 되는데, 그 와중에 20세기가 낳은 영혼의 가장 아름답고 깊은 울림을 담은 글들을 쓴다.

그 가운데 베유의 마지막 글에 속하는 『신을 기다리며』는 그녀의 전체 저작물을 이해하기 위한 열쇠를 제공해 준다. 페랭 신부가 이 텍스트에 '신을 기다림'Attente de Dieu 이라는 제목을 붙인 건, 그것이 베유에게 중요한 개념이었기 때문이다. '신을 기다림'은 베유의 근본적인 영적 태도를 지칭한다. 즉 주인이 돌아오기를 밤을 새우며 열심을 다해 기다리는 종의 마음으로 진리에 귀 기울이는 자세다.

베유가 초기에 쓴 정치적인 글들은 주로 산업화 문제와 좌파적인 관심에 초점이 맞춰져 있었고, 생전에 그녀는 자신의 내밀한 종교적 삶에 대해 증언한 바가 없었다. 따라서 베유의 아나키즘 색조를 띤 비정통적 마르크시스트의 어조를 기억하는 사람들에게 이 그리스도교 텍스트는 충격으로 다가왔다. 불행과 인간의 조건에 대한 문제를 해결하고자 했던 그녀의 열성과 지적인 냉철함이 온전히 그리스도교적인 사랑 속에서 조화를 이루는, 영혼의 발아를 목격했다고나 할 수 있다.

편지를 통해 그녀는 페랭 신부에게 자신의 영혼에 대한 깊은 통찰을 털어놓으며 제도화된 교회에는 속하지 않겠다는 의지를 밝힌다. 그러면서 교회가 거룩한 문서의 보존자이자 성사의 수탁자임을 인정하지만 스스로는 교회에 속하기를 거부하는 이유를 나열한다.

1) 우선 그녀는 교회의 교리에 대한 수동적이며 결정화된 방식의 동의를 거부한다. 그녀에게 교리는 확신의 대상이 아니라, 일정한 거리를 두고 주의와 사랑과 존경을 담아 지켜보아야 하는 대상이기 때문이다. 2) 구약의 신에게서 자비의 신을 발견할 수 없기에, 그리스도교는 이스라엘의 유산으로부터 정화되어야 한다고 믿는다. 3) 그리고 그녀는 교회가 너무도 자주 선포한 파문을 경계한다.

베유는 무엇보다 전체주의를 혐오했고, "사회적인 것은 악이다"라고 못 박았다. 가톨릭교회에 대해 그녀는 여러 점에서 경의를 표했지만, 교회의 유대·로마적 기원, 현세의 여러 문제에 대한 간섭, 그 조직과 공의회, 특히 교회 밖에는 구원이 없다거나 '파문이다'anathema sit 같은 상투어, 교회가 휘두르는 권력, 종교 재판 같은 역사상의 문제들이 그녀의 눈에는 한없이 무서운, 고도의 사회적 우상숭배의 양상으로 비쳤다.

초월적인 것은 어떤 접촉에 의해서만 앎이 가능하다고, 예수가 바로 이 접촉이라고 그녀는 고백하면서도, 동시에 "나 자신을 고통받는 거대한 비신자 무리로부터 분리시 킨다는 생각보다 더 고통스러운 것은 없다"고 밝힌다. 그 러면서 사회적 기구로서의 교회, 곧 종교적 소속 체계가 지니는 위험성에 대해 경고한다. 교회를 포함해 사회적인 것은 상대적인 것일 뿐 아니라 악의 영역에 지나지 않는 다고 보았기 때문이다.

그렇게 그녀는 그리스도교와 그리스도교가 아닌 모든 것 의 교차로에 선 채로 이방인을 위한 사도가 되는 것, 곧 제도화된 가톨릭 안팎에 동시에 자리하는 것을 자신의 특 별한 소명으로 인식했다. 그것은 스스로를 신앙의 안전한 영역에 있다고 믿는 이들에겐 불편한 진실일 수밖에 없 는, 그녀가 떠맡은 혁명적인 임무이기도 했다.

『신을 기다리며』에 수록된 글들에는 그녀의 이런 신념이 다양한 주제를 아우르며 구현되어 있다.

1) 기다림. 가장 소중한 선善은 우리가 찾아야 하는 것이 아니라 기다려야 하는 것이다. 인간은 그것을 자신의 힘

으로는 발견할 수 없기 때문이다. 그것을 찾아 나서는 순간 우리는 가짜 선을 찾게 된다.

2) 주의력. '주의를 기울임'은 가장 고차원적인 노력이다. 그러나 의지의 노력이 아니라, 우리가 마주치는 것들에 자신을 여는 행위다. 즉 타자에게 열린 상태가 되는 것인데, 그때 영혼은 자신을 비워 내고 그 타자를 있는 그대로 받아들인다. 불행한 자가 이 세상에서 필요로 하는 건 바로 자신에게 주의를 기울여 줄 수 있는 사람이다. 고통받는 자에 대한 관심이야말로 기적이다.

3) 고통과 불행. 히브리인들의 관점에서 죄는 고통이고 덕은 번영이다. 그렇다면 야훼는 지상의 아버지이며 하늘에 계신 아버지가 아니다. 즉 가짜 신이다. 그러나 그리스도교는 노예들을 위한 종교이며, 노예들은 그 종교를 신봉하지 않을 수 없다. 악과 불행(다시 말해 중력)은 역설적으로 신의 존재를 증명해 준다. 신은 자신이 힘을 미칠 수 있는 그 어디에서도 명령하지 않기로 하신 것이다.

4) 악. 신께서 육화를 통해 희생에 동의하지 않았다면, 십자가를 통해 노예의 조건을 짊어지지 않았다면 창조는 하나의 우발적인 사건에 지나지 않는다. 우리는 악을 증거로 내세우며 이 삶이 가치 없다고 할 수 있을 것이다. 그

렇게 이 세상이 의미 없는 것이라면, 악과 인간이 당하는 고통도 의미가 없다. 그렇다면 세상에서의 삶 역시 하나의 오류일 수밖에 없다. 그러나 그리스도가, 그와 함께했던 이들이 하느님이라 고백한 그분이 우리의 고통을 직접 겪으셨다는 사실은, 이 고통이 무의미하지 않음을 말해준다.

다시 말해 베유에게 진리는 현실과의 접촉이다. 이 세상이야말로 우리에게 가능한 유일한 현실이라는 것, 우리가 그 모든 가공할 일들까지 포함해 그 현실을 사랑하지 않는다면 우리는 결국 가상의 무언가를 사랑하게 될 것이 분명하다는 것. 그녀는 종교를 마음의 위안이나 미래에 있을 보상으로 삼는 것을 신성모독적인 자기기만이라고 말한다.

베유는 그리스어를 완벽히 이해했고, 그리스 작가들의 작품을 원어로 읽었다. 성서를 비롯해 고대 문화와 역사를 꿰뚫고 있었으며, 다양한 고대 종교와 그리스 철학을 깊이 이해했다. 그렇기에 베유를 읽는 데는, 몹시 일상적인 언어로 쓰인 문장에서마저 한계와 좌절을 맛보게 된다. 그녀가 말하는 단어들의 깊이에 제대로 동참하고 있는지 매번 묻지 않을 수 없다.

그럼에도 그녀의 글을 읽노라면 정돈된 프랑스어 문장과 엄밀한 반성이 지닌 비상한 힘에 매료당하게 된다. 직설적인 솔직함이 주는 매력과 호소력 강한 투명한 어조 속에서 그녀 자신을 읽게 된다. 어떻게 그 '모든 것'이 자신 안에 자리 잡게 되었는지 설명하려는 욕구의 부추김을 받으면서 형식이나 문체에 상관없이 써 나간 글들이 그 순수함으로 감동을 준다. 실제로 베유는 수많은 논문과 단상과 편지, 잡지에 기고한 글들 외에도 시와 희곡 등의 방대한 저작물을 남겼다. 그 글들은 그녀가 죽은 뒤 주목을 받아 알베르 카뮈의 주도로 갈리마르Gallimard '에스푸아르' 총서에 포함되었고, 현재 16권의 전집으로 출간되어 있다. 레지스탕스 시인 장 토르텔이 그녀에게서 시인이고자 하는 열망만을 짐작했듯, 그녀의 글은 그 내용의 가혹함에 앞서 시적인 아름다움을 발한다.

귀스타브 티봉의 말대로, 베유의 문장은 주석 따위를 붙이면 오히려 품위를 잃고 왜곡을 초래하는 위대한 작품의 부류에 들어간다. 그러므로 그녀에 대한 수많은 전기나 논문보다는 그녀 자신을 읽어야 한다는 말이 옳다. 그녀 자신에게 귀 기울이고, 그녀를 겪어야 한다. 그리고 그녀가 나에 대해, 삶에 대해, 신에 대해 무슨 말을 하고 있는지 물어야 한다.

5.『신을 기다리며』의 판본

1950년 출간된 『신을 기다리며』 초판에는 페랭 신부의 긴 서문을 포함해 각각의 편지와 에세이에 가톨릭 사제로서 그가 붙인 해설과 입장이 첨부되어 있었다. 그러나 1966년 파야르Fayard에서 출간된 책에는 페랭 신부의 서문이 훨씬 축약되고, 그 대신 일부가 소실되거나 발췌된 세 통의 편지가 실린다. 2016년에 이르러서는 페랭 신부의 서문이 아예 생략되고 순수하게 베유의 글만으로 이루어진 책이 알뱅미셸Albin Michel에서 출간된다.

이번 한국어판은 이 알뱅미셸 판을 대본으로 삼았다. 우리가 어떤 선입견도 없이 베유의 글과 일대일로 마주할 기회를 가질 수 있다는 장점에서였다. 그럼에도 베유의 글은 그녀가 처해 있던 삶의 상황과 일치를 이루기에, 각각의 편지와 에세이는 '글이 작성된 상황과 배경'을 염두에 두고 읽을 때 한층 강렬히 와닿을 것이다.

서른넷의 나이에 타국에서 희생적인 죽음을 맞은 베유에 대해 생전에 아는 사람은 거의 없었다. 그러나 그녀의 글들이 세상에 나온 이후로 베유는 우리 시대 성스러움의 특별한 모범처럼 여겨져 왔다. 가톨릭 신자든 개신교 신자든, 신심이 깊은 자든 불가지론자든, 우리 모두 그녀가 경험한 것들의 의미가 현재의 우리와 무관하지 않다는 깨달음으로 그녀를 돌아보게 되었다.

인간의 소명은 '자아의 소멸'이라는 그녀의 확신은 그녀의 삶을 통해 실현되었다. "저를 생각하는 건 저의 소관이 아닙니다. 저의 일은 신에 대해 생각하는 것이에요. 저를 생각하는 건 신의 소관이고요"라는, 그녀의 간결한 고백에서 우리는 개인을 넘어서는 초월적인 삶의 가능성을 감지하게 된다.

마르세유를 떠나 미국으로 향하는 선상의 베유의 모습이 떠오른다. 오랜 기간의 불안에서 벗어난 승객들이 벌인 댄스 파티와 욕구 발산에 등을 돌린 채, 그 배를 '떠다니는 사창굴'이라 여기며 그녀는 갑판에 나와 잠을 청한다.^{시몬} ^{페트르망, 『시몬 베유의 생애』} 그 순간 그녀는 조국에 남기고 온, 위험 속에 두고 온 이들을 생각하면서 그들과 다시 합류해 운명을 함께하겠다는 결심을 품고 있었다.

우리 모두는, 그 위험을 비켜났다고 안도하는 선상의 사람들이거나, 아니면 위험 속에 여전히 남아 있는 사람들일지 모른다.

베유의 삶과 그 모든 글은 어쩌면 이 책의 제목이기도 한 '신을 기다림'으로 요약될 수 있겠다는 생각을 한다. 그리고 그녀가 말하는 이 신은 순수한 이웃애에 다름 아니며, 구원은 바로 우리가 그려 볼 수 있는 이 순수의 지점일 것이라고.

2025년 1월
이창실

LETTRES

편지

1

세례를 받는 것에 대한 망설임(1)

1942년 1월 19일

신부님,

제가 신부님께 편지를 쓰기로 결심한 건······ 제 경우를 두고 우리가 나눈 대화를 적어도 새로운 상황이 닥치기 전까지 끝내고 싶기 때문입니다. 신부님께 제 이야기를 하는 것에 저는 진력이 났습니다. 별 볼일 없는 주제니까요. 하지만 신부님께서 자애로운 마음으로 관심을 가져 주시니 이야기하지 않을 수 없네요.

저는 최근에 신의 뜻에 대해 물었습니다. 신의 뜻이란 무엇이며, 어떻게 우리는 그 뜻을 온전히 따를 수 있게 되는 걸까요? 그것에 대한 저의 생각을 말씀드리겠습니다.

세 가지 영역을 구분해야 합니다. 첫 번째는 우리의 힘이 전혀 미치지 못하는 영역입니다. 이 순간 우주 전체에서 벌어진 모든 일, 그리고 현재 일어나고 있거나 아니면 우리의 힘이 닿지 않는 곳에서 나중에 일어나게 될 모든 일이 그 안에 포함됩니다. 이 영역에서 일어나는 모든 일은 한 치의 예외도 없이 실제로 신의 뜻입니다. 그러므로 이 영역에서 우리는 모든 것을 전체로서, 또 세세한 것 하나하나까지 절대적으로 사랑해야 합니다. 거기엔 온갖 형태의 악도 포함됩니다. 특히 우리 자신이 저지른 죄 – 이제는 지나간 일이라 해도 아직 그 뿌리가 남아 있다면 그건 미워해야겠죠 – 를 사랑해야 하고, 자신의 고통 – 과거와 현재 그리고 미래의 고통까지 – 도 사랑해야 합니다. 그리고 훨씬 어려운 일이긴 해도 다른 사람들의 고통마저, 우리가 그것을 덜어 주도록 부름받지 않은 한 사랑해야 해요. 다시 말해 우리는 예외 없이, 외부의 모든 것을 통해 신의 실재와 현전現前을 느껴야 하는 거죠. 손이 펜대와 펜촉을 통해 종이라는 물질을 확실히 감지하듯 말입니다.

두 번째는 의지의 지배를 받는 영역입니다. 순전히 자연적이며 가까운 것, 지성과 상상력을 동원하면 쉽사리 인지될 수 있는 것들이 거기에 포함됩니다. 우리는 그 가운데 일정한 수단을 어떤 정해진 유한한 목적을 위해 외부로부터 선택하고 배치하고 조합할 수 있습니다. 이 영역에서는 명백한 의무로 여겨지는 모든 것을 지체 없이 완벽하게 수행해야 합니다. 어떤 의무도 분명히 드러나 보이지 않을 때는 다소 임의적으로 마련된 정해진 규칙들을 지켜야 해요. 때론 자기 좋을 대로 할 수도 있겠지만, 여기엔 제한이 따릅니다. 죄의 가장 위험한 형태들 가운데 하나 혹은 가장 위험한 형태는, 본질적으로 유한한 영역에 무한한 무언가를 두는 것이니까요.

세 번째는, 의지의 지배를 받지도 않고 자연스런 의무와도 관련이 없으며 그렇다고 우리로부터 완전히 독립되지도 않은 것들의 영역입니다. 이 영역에서 우리는 신의 강요를 받을 만하다는 전제하에, 그런 자격을 갖춘 딱 그만큼 신에게서 강요를 받습니다. 신은 주의와 사랑을 기울여 그를 생각하는 영혼에게 보답하십니다. 그 주의와 사랑에 수학적으로 정확히 비례하는 강요를 그 영혼에 행사하심으로써 말이죠. 그러니 그가 떠미는 힘에 자신을 맡기고, 그 힘이 인도하는 정확한 지점까지 달려가야 합니다. 그 이상은 한 발도 – 설령 선善을 지향하는 방향이라 하더라도 – 더 나아가서는 안 됩니다. 그러면서 우리는 끊임없이 더 큰 사랑과 주의를 기울여 신을 생각해야 하며, 그렇게 함으로써 매번 더 큰 강요를 얻어 내야 합니다. 그런 강요에 영혼이 점점 더 잠식당하는 대상이 되어야 합니다. 영혼이 이 강요에 송두리째 점령당할 때 우리는 완덕完德의 상태에 들게 됩니다. 그러나 우리가 어떤 단계에 와 있든, 설령 선을 위해서라도, 우리는 저항할 길 없이 강요당한 것 이상을 성취하려 해서는 안 됩니다.

성사聖事의 본질에 대해서도 생각해 봤는데, 그것에 대한 제 생각을 말씀드릴게요.

성사는 일종의 신과의 접촉 – 신비롭지만 현실적인 – 이라는 의미에서 비적秘蹟과 같은 특별한 가치를 지닙니다. 동시에 상징이며 의례라는 의미에서 순전히 인간적인 가치를 지니기도 하지요. 후자의 측면에서 보면 어떤 정당의 노래나 제스처, 슬로건과 본질적으로 다를 게 없습니다. 적어도 그 자체로서는 본질적으로 다르지 않아요. 그러나 관련된 신조에 있어서 성사는 그것들과 무한한 차이를 지닙니다. 신자들 대다수는 성사를 오로지 상징과 의례로 접하는 듯싶은데, 스스로 그 반대라고 확신하는 이들도 예외는 아니에요. 종교적인 것과 사회적인 것을 혼동한 뒤르켐[1]의 이론은 몹시 어리석어 보여도 어떤 진실을 내포하고 있습니다. 즉 사회적인 감정은 종교적인 감정과 구별할 수 없을 만큼 닮았다는 것이죠. 진짜 다이아몬드와 가짜 다이아몬드가 흡사한 것처럼, 초자연적인 것을 식별하는 능력이 없는 사람들은 그릇된 인식을 갖기 십상입니다. 상징과 의례라는 의미의 성사에 사회적·인간적으로 참여하는 건, 그 길로 나아가는 모든 이에게 하나의 단계라는 점에서 훌륭하고 건전한 행위예요. 그렇다고 그런 식으로 진정한 의미의 성사에 참여할 수는 없습니다. 일정 수준의 영성을 넘어선 사람들만이 진정한 의미의 성사에 참여할 수 있다고 생각합니다. 그 수준 이하의 사람들은, 즉 그 수준에 도달하지 못했다면, 무얼 하든 엄밀히 말해 교회에 속한 것이 아닙니다.

그런데 저 자신은 이 수준에 이르지 못한 것 같습니다. 저는 성사에 참여할 자격이 없는 사람처럼 보인다고 지난번에 말씀드린 것도 그 때문입니다. 이런 생각이 신부님의 판단처럼 지나친 조심성에서 비롯된 건 아니에요. 우선이 생각은 저의 행동과 인간관계에 대한 명확한 죄의식에 근거합니다. 그건 심각하고 부끄럽기까지 한 죄일 뿐 아니라 - 신부님도 분명 그렇게 판단하시겠지만 - 제가 몹시 자주 저지르는 죄이기도 해요. 다른 한편, 이 생각은 저 자신이 부족하다는 일반적인 느낌에 더 깊이 근거하고 있습니다. 겸손해서 하는 말이 아닙니다. 아마도 가장 아름다운 미덕인 겸손의 덕을 제가 지녔다면, 부족함을 절감하는 이런 비참한 상태에 있지는 않겠죠.

저에 관한 이야기를 끝낼 참으로 생각해 봅니다. 제가 교회 안으로 발을 들일 수 없는 것은, 저 자신이 불완전한 상태이기 때문이거나 아니면 저의 소명과 신의 뜻이 그걸 가로막는 거라고요. 전자일 경우 그런 상황을 제가 직접 개선할 수야 없지만, 은총의 도움으로 불완전에서 좀 더 벗어남으로써 간접적인 개선을 시도해 볼 수는 있습니다. 그러려면 한편으론 자연적인 것들의 영역에서 죄를 저지르지 않도록 애써야 하고, 다른 한편으론 신을 생각할 때 더 많은 주의와 사랑을 기울여야 해요. 신의 뜻이 제가 교회에 들어가는 거라면, 제가 신의 강요를 받기에 합당한 바로 그 순간 신은 그 뜻을 제게 강요하시겠지요.

후자일 경우, 신의 뜻이 제가 교회에 들어가는 것이 아니라면 어떻게 제가 교회에 들어가겠습니까? 신부님께서 제게 자주 되뇌곤 하신 말씀을 잘 이해하고 있습니다. 세례는 적어도 그리스도교 국가에서는 모두에게 열린 구원의 길이며, 제가 예외적인 길을 걸어야 할 이유는 전혀 없다는 것이지요. 당연히 그렇습니다. 그렇더라도 그 길이 제가 가야 할 길이 아니라면 어쩔 수 없는 일이 아닐까요? 신께 복종함으로써 영벌을 받거나 복종하지 않음으로써 구원을 받는 두 경우를 가정해 볼 때, 저라면 그래도 복종을 택하겠습니다.

현재로서는 제가 교회에 들어가는 것이 신의 뜻은 아닌 듯싶어요. 이미 말씀드렸고 지금도 여전히 그렇지만, 주의와 사랑과 기도의 순간에도 다른 순간들 못지않게 교회 밖에 저를 붙들어 두시는 강한 힘을 느낍니다. 그렇긴 해도 제가 신부님께 털어놓은 생각들이 교회의 신도가 되는 데 부적격한 것은 아니라고, 따라서 정신적으로는 제가 교회의 이방인이 아니라고 신부님께서 말씀해 주셨을 때 저는 얼마나 기뻤는지 모릅니다.

대다수의 인류가 물질주의에 빠져 있는 시대이기에, 신과 그리스도께 헌신하면서도 교회 밖에 머무르는 남녀가 있기를 신께서 원하시지 않을까 하는 생각을 저는 멈출 수 없습니다.

아무튼 제가 교회 안으로 들어서는 행위를 눈앞에 닥친 구체적인 사건으로 떠올릴 때, 비신자들이라는 불행한 대중에게서 떨어져 나온다는 생각보다 더 괴로운 건 없습니다. 제게는 소명이라고도 부를 만한 중대한 욕구가 있습니다. 즉 다양한 부류와 사람들 속으로 들어가 그들과 뒤섞이는 거지요. 양심에 거스르지 않는 한 모든 면에서 그들과 한데 어울리고 그들 사이로 사라져 버리고 싶습니다. 그들이 나를 배려해 자신을 숨기는 일 없이, 있는 그대로의 모습을 드러내도록 하기 위해서예요. 있는 그대로의 그들을 사랑하기 위해 그들을 알고 싶다는 말입니다. 그게 아니라면 제가 사랑하는 건 그들이 아니며 제 사랑도 진짜가 아니겠죠. 그들을 돕겠다는 말이 아닙니다. 불행히도 그건 지금까지 제가 전혀 할 수 없었던 일이에요. 무슨 일이 있어도 수도원에 들어가지는 않을 겁니다. 수도복으로 인해 일반 대중으로부터 분리되고 싶지는 않으니까요. 이런 분리가 크게 불편하지 않은 사람들도 있지요. 본연의 순수함을 지닌 영혼 탓에 일반 대중에게서 이미 분리된 사람들도 있고요. 반면 제 경우는 앞서도 말씀드린 듯하지만, 내면에 거의 모든 범죄의 싹을 지니고 있습니다. 특별히 어떤 여행을 하는 동안, 이미 말씀드린 바 있는 상황에서 그 사실을 깨달았어요. 그 범죄들이 끔찍하게 여겨졌지만, 그렇다고 놀라지는 않았습니다. 내 안에 그런 범죄의 가능성이 있음을 느꼈고, 그 때문에 끔찍했던 거예요. 그런 본성은 위험하며 몹시 괴로운 것이지만, 모든 본성이 그렇듯 우리가 은총의 도움을 받아 적절하게 사용할 줄 안다면 선을 위해 쓰일 수도 있겠죠. 저의 그런 성향 안에는 어떤 소명이 내포되어 있습니다. 즉 언제라도 일반 대중과 섞일 수 있는 익명의 존재로 남는다는 거지요. 사실 오늘날 사람들의 정신 상태에는 수도자와 평신도 사이의 괴리보다 실천적인 가톨릭 신자와 비신자 사이의 괴리가 더 두드러지거든요.

저는 "사람들 앞에서 나를 부인하는 자 누구나, 나는 내 아버지 앞에서 그를 부인할 것이다"[2]라고 그리스도가 말씀하셨음을 압니다. 그러나 그리스도를 부인한다는 게 거두절미하고 교회에 속하지 않는다는 걸 의미하지는 않겠지요. 어떤 이들에겐 그저 그리스도의 가르침을 실천하지 않거나 그의 정신을 전파하지 않는 것일 수 있고, 아니면 기회가 주어졌음에도 그의 이름을 영광스럽게 하지 않거나 그를 향한 충성심으로 죽을 각오가 되어 있지 않음을 의미할 수도 있어요.

제 말에 신부님께서 마음이 상하실지 모르고, 또 그렇게 된다면 저로선 무척 괴롭겠지만, 그래도 솔직히 말씀드릴게요. 저는 신을, 그리스도를, 가톨릭 신앙을 사랑합니다. 사랑하기엔 저는 너무도 부족한 존재이긴 하지만 말입니다. 그리고 성인들을, 그들이 쓴 글과 그 삶의 이야기들을 읽으며 사랑합니다. 저로선 성인이라 여길 수도, 제가 완전한 사랑을 바칠 수도 없는 몇몇은 제외하고요. 그 밖에, 살면서 우연히 마주친, 진정한 영성을 지닌 가톨릭 신자 예닐곱 명을 저는 사랑합니다. 또 가톨릭 의례와 의식을 비롯해 전례와 찬송가, 건축물을 사랑합니다. 그러나 제가 사랑하는 이 모두와 관련된 것이 아니라면 엄밀히 말해 교회에 대한 사랑은 눈곱만큼도 없습니다. 그 사랑을 가진 이들에게 공감할 순 있어도 저 자신은 그런 사랑을 느끼지 않습니다. 성인들은 모두 그런 사랑을 느꼈다는 걸 잘 알면서도 말입니다. 하지만 그들은 거의 모두가 교회 안에서 태어나고 자란 사람들이죠. 어쨌거나 우리가 사랑하기로 마음먹는다고 사랑할 수 있는 건 아니니까요. 저로선 알 수 없지만, 그래도 이 사랑이 영혼의 성장을 위한 조건이거나 혹은 제 소명의 일부라면, 제게도 언젠가 그 사랑이 허락되기를 바랍니다. 제가 할 수 있는 말은 이게 전부예요.

제가 방금 털어놓은 생각들의 일부는 착각이고 잘못된 것인지도 몰라요. 하지만 어찌 보면 별로 중요하지 않은 문제이기도 해서 더 이상 검토하고 싶지 않습니다. 그 모든 걸 숙고한 뒤 하나의 결론에 이르렀거든요. 교회에 들어갈 가능성을 두고는 더 이상 생각하지 않겠다는 단호한 결심입니다.

여러 주, 여러 달, 여러 해 동안 이 문제에 대해 전혀 생각하지 않다가, 어느 날 갑자기 당장 세례를 받고 싶다는 물리칠 수 없는 충동을 느끼고 신부님께 요청을 드리러 달려가는 상황도 충분히 가능합니다. 마음속에서 작용하는 은총의 행보는 조용하고도 은밀한 것이니까요.

하지만 이런 충동을 한 번도 느끼지 못한 채 삶이 끝날지도 모르는 일이에요. 그렇더라도 한 가지 사실만은 분명합니다. 제가 세례의 은총을 받을 만큼 충분히 신을 사랑하는 날이 온다면, 저는 그날 당장 그 은총을 받고야 말겠습니다. 엄밀한 의미의 세례를 통해서든, 전혀 다른 방식으로든, 신께서 원하시는 방식으로 말이죠. 그렇다면 제가 염려할 일이 뭐 있을까요? 저를 생각하는 건 저의 소관이 아닙니다. 저의 일은 신에 대해 생각하는 거예요. 저를 생각하는 건 신의 소관이고요.

아주 긴 편지가 되고 말았네요. 또 한 번 신부님의 시간을 많이 빼앗게 되어 용서를 구합니다. 변명하자면, 그래도 이 편지는 잠정적으로나마 어떤 결론이랄 수 있어요.

신부님께 진심으로 감사드립니다.

시몬 베유

세례를 받는 것에 대한 망설임(2)

신부님,

이 편지는 제가 잠정적인 결론이라고 말씀드렸던 편지의
추신입니다. 신부님을 위해 더 이상의 추신이 없기를 바
라지만요. 신부님을 성가시게 하는 건 아닌지 걱정됩니
다. 실제로 그렇다 해도 그건 신부님 탓이에요. 신부님께
제 생각을 설명해 드려야 한다고 믿게 된 건 제 잘못이 아
니거든요.

최근까지 저를 교회 문턱에 멈춰 서게 한 지적 장애물들
은 엄밀히 말해 제거된 듯해요. 신부님께서 저를 있는 그
대로 받아 주기를 거부하시지 않으니까요. 그래도 몇 가
지 장애물은 여전히 남아 있습니다.

모든 걸 따져 본 결과, 장애물은 다음과 같다는 결론에 이른 듯해요. 제가 두려워하는 건 사회적 기구로서의 교회입니다. 그 오점들 때문만이 아니라, 교회는 우선 사회적 기구라는 사실 탓이에요. 제가 몹시 개인주의적인 기질을 가져서 하는 말은 아닙니다. 오히려 정반대의 이유가 아닌가 해요. 제 안에는 군집 본능이 강하게 자리하거든요. 주변의 영향을 쉽게 받는 타고난 성향 탓에 극단으로 치우치거나, 특히 집단에 휩쓸리곤 하니까요. 이 순간 제 앞에서 독일 청년 스무 명이 입을 모아 나치 당가黨歌를 부르고 있다면 제 영혼의 일부는 당장 나치가 될 겁니다. 그야말로 치명적인 약점이에요. 하지만 그게 바로 저입니다. 타고난 약점에 정면으로 맞서는 건 부질없는 짓이겠죠. 절대적으로 의무가 부과되는 상황이라면 어떻게든 그런 약점이 없는 사람처럼 행동해야만 해요. 일상생활에선 그 약점을 제대로 인식하고 신중하게 다루며 선용하도록 애써야 하고요. 약점들 역시 모두 선용될 수 있으니까요.

저는 가톨릭 집단 안에 존재하는 교회에 대한 '애국심'이 걱정됩니다. 우리가 이 땅의 조국에 부여하는 감정이라는 의미에서의 애국심인데, 저한테도 이 감정이 전염될까 두렵다는 의미예요. 교회가 그런 감정을 불러일으키는 건 부당하다는 게 아니고, 그저 저 자신은 그런 감정을 전혀 원치 않는다는 말이에요. '원한다'는 말은 적절치 않겠네요. 제가 알고 또 확실히 느끼기에, 그런 유의 감정은 그 대상이 무엇이든 해로운 것이거든요.

십자군 전쟁이나 종교 재판을 인정한 성인들도 있습니다. 저로선 그들이 틀렸다는 생각을 하지 않을 수 없고, 양심의 빛을 거부할 수도 없습니다. 제가 그들보다 훨씬 못한 존재일지언정 어느 한 점에서만큼은 그들보다 더 분명히 이해한다고 생각해요. 그렇다면 바로 이 점에서 그들은 아주 강력한 무언가에 눈이 멀었던 것임을 인정할 수밖에 없네요. 이 무언가란, 사회적인 무언가로서의 교회입니다. 이 사회적인 무언가가 그들에게 해를 끼쳤다면 제게도 어떤 해를 끼치지 않는다는 보장이 없겠지요. 저는 그 누구보다 사회적인 영향을 받기 쉬울 뿐 아니라, 그들보다 거의 무한히 약한 존재이니 말입니다.

이 세상의 왕국에 대해 루가의 복음서에서 악마가 그리스도에게 한 말보다 더 의미심장한 말은 이제까지 발설된 적도, 글로 기록된 적도 없습니다. "저 모든 권세와 그에 따른 영광을 당신에게 주겠소. 저것은 내가 받은 것이니 내가 주고 싶은 누구에게나 줄 수 있소." 그렇다면 사회적인 것은 필연적으로 악마의 영역입니다. 육신은 '나'라고 말하도록 부추기며, 악마는 '우리'라고 말하도록 부추깁니다. 혹은 독재자들처럼 집단의 의미로 '나'를 말하도록 부추기지요. 그리고 악마는 자신의 사명대로 신의 모조품 내지는 대용품을 만들어 냅니다.

제가 말하는 '사회적'이라는 것은 어떤 도시나 국가와 관련된 무언가가 아니라, 그저 집단 감정을 의미합니다.

교회 역시 사회적인 존재일 수밖에 없다는 걸 저도 잘 압니다. 그렇지 않다면 교회는 존재할 수 없겠죠. 하지만 교회도 사회적인 존재인 한 이 세상을 다스리는 '우두머리'의 것입니다. 교회가 진리를 보존하고 전수하는 기관이라는 사실이야말로, 저처럼 사회적인 영향에 극도로 취약한 이들에게는 치명적인 위험으로 작용할 수 있습니다. 실제로 더없이 순수한 것과 끔찍한 오염물이 유사한 양상으로 동일한 말 속에 뒤섞여 해체가 거의 불가능한 혼합물을 이루지요.

누구든 들어오기만 하면 열렬히 환영할 준비가 되어 있는 가톨릭 집단이 존재합니다. 그러나 저는 어느 집단에 받아들여지는 것도, 사람들이 '우리'라 말하는 집단 안에 거주하는 것도 원치 않습니다. '우리'의 한 일부가 되는 것도, 내 집처럼 느껴지는 그 어떤 집단에 속하는 것도 원치 않아요. 원치 않는다는 말은 적절한 표현이 아니네요. 사실은 정말 그러고 싶고, 그 모두가 유쾌한 일이기도 하니까요. 하지만 그것이 내게는 허락되지 않음을 느낍니다. 그 어떤 사회 집단에 대해서도 예외 없이 거리를 두고 이 방인으로 홀로 남는 것이 내게 필요하고, 또 그렇게 결정되어 있다는 느낌입니다.

제가 만나는 어떤 인간 집단이든 거기 뒤섞여 사라지고 싶다는 제 바람에 대해 지난번 신부님께 썼던 내용과는 모순될지 모르겠네요. 그러나 실은 그 둘은 같은 생각입니다. 그 안에서 사라진다는 건 그 일부가 된다는 말이 아니며, 모두 안으로 녹아들 수 있다는 건 그 어떤 집단의 일부도 되지 않음을 의미하니까요.

좀처럼 설명하기 어려운 이런 일들을 제가 신부님께 제대로 이해시켜 드렸는지 모르겠네요.

이런 생각은 이 세상 것이어서, 성사가 지니는 초자연적인 성격과 비교하면 처량해 보입니다. 그렇긴 해도 저는 제 안에서 초자연적인 것과 악이 불순하게 뒤섞이는 것이 두렵습니다.

음식에 대하여 굶주림은 먹는 행위만큼이나 현실적인 관계를 – 훨씬 불완전한 관계인 건 확실하지만 – 갖습니다.

그런 타고난 성향과 기질, 과거, 소명 따위를 지닌 사람에게는, 성사에 대한 욕구와 절제가 성사에 참여하는 것보다 어쩌면 더 순수한 접촉이 될 수 있을지 모릅니다.

제 경우가 그런지 아닌지는 전혀 알 수 없습니다. 그건 예외적인 무언가가 분명한데, 나 자신이 그런 예외라고 인정한다는 건 언제나 어리석은 자만처럼 보이고요. 하지만 이 예외적인 성격은 남들에 비해 우월해서가 아니라 열등으로부터 비롯되기도 합니다. 제 경우가 그런 것 같아요.

어찌 됐든 이미 말씀드린 대로 현재로선 제가 성사를 진정으로 접하기는 도저히 불가능하며, 그런 접촉이 가능하리라는 예감만 할 수 있을 따름이에요. 성사와 관련해 제가 어떤 적절한 관계를 맺을 수 있을지는 더더욱 알 수 없습니다.

신부님께 저를 완전히 내맡기고 저 대신 결정해 달라고 청하고 싶은 순간들이 있습니다. 하지만 결국 그러지 못하고 맙니다. 제게는 그럴 권리가 없으니까요.

중대한 사안의 경우라면 우리가 장애물을 뛰어넘지는 않습니다. 우린 그걸 뚫어지게, 필요한 만큼 오래 주시하지요. 거대한 착각에서 비롯된 장애물이라면 그것이 사라질 때까지 그렇게 합니다. 여기서 말하는 장애물은, 우리가 선을 향해 내딛는 매 걸음마다 극복해야 하는 어떤 무기력한 상태와는 다릅니다. 저도 이런 무기력한 상태를 경험한 바 있어요. 그러나 이 장애물은 전혀 다른 성질의 것입니다. 그것이 사라지기 전에 뛰어넘으려 하면, 악령 하나가 사라진 뒤 일곱 악령이 들어온 남자[4]를 두고 복음서의 구절이 암시하는 '보상' 현상의 위험이 따르거든요.

제가 적절치 못한 마음가짐으로 세례를 받은 뒤 어느 한 순간 단 한 번이라도 속으로 후회하는 일이 벌어진다면, 그건 생각만 해도 끔찍한 일이에요. 세례가 구원의 절대적 조건임을 제가 확신한다 해도, 구원받기 위해 그런 위험을 무릅쓰지는 않겠습니다. 그런 위험이 없다는 확신이 서지 않는 한 스스로 자제하렵니다. 순종에 의한 행동이라 생각할 때만 확신이 서겠지요. 순종만이 시간의 손상을 견뎌 냅니다.

제 앞의 테이블에 영원한 구원이 놓여 있어 손만 뻗으면 잡을 수 있다 해도 저는 명령을 받았다고 생각하기 전에는 손을 뻗지 않을 겁니다. 적어도 그럴 거라고 믿고 싶어요. 저의 구원이 아닌 과거와 현재와 미래의 온 인류의 영원한 구원이라 해도 마찬가지여야 함을 압니다. 이 경우라면 어려움을 겪겠지요. 하지만 저 자신만의 문제라면 어려울 것도 없다고 봐요. 저는 온전한 순종 자체, 곧 십자가에 이르기까지 순종하는 것밖에 바라지 않으니까요.

하긴 제게는 그렇게 말할 권리가 없습니다. 그런 말을 하면서 거짓말을 하는 셈이에요. 제가 그걸 원한다면 가질 수 있을 테니까요. 명백한 의무임에도 저는 그 이행을 날마다 계속 미루고 있습니다. 실행 자체도 쉽고 단순할 뿐 아니라 다른 이들에게도 중대한 영향을 미치게 될 의무인데 말이죠.

제 딱한 사정을 모두 털어놓자면 너무 지루하고 재미도 없겠지요. 분명 쓸모없는 일이기도 하겠고요. 그래도 저에 대한 신부님의 오해를 막는 데는 도움이 되겠지요.

신부님께 늘 진심으로 감사드립니다. 그저 형식적으로 하는 말이 아님을 꼭 알아주세요.

시몬 베유

3

출발에 대하여

1942년 4월 16일

신부님,

예기치 못한 일이 벌어지지 않는다면 일주일 후엔 신부님을 뵙게 되겠지요. 저는 이달 말이면 떠나야 합니다.

그 선별된 텍스트들을 두고 우리가 마음껏 이야기 나눌 수 있도록 조처해 두신다면 좋겠어요. 가능할 것 같진 않지만요.

저는 떠나고 싶은 생각이 전혀 없습니다. 괴로운 심정으로 출발하게 되겠지요. 확률을 따져 결심한 일이긴 합니다만 예측이 너무 불확실해 좀처럼 마음을 다잡을 수 없네요. 수년 전부터 저를 인도하며 제 안에 머무르는, 실현

가능성은 미약해도 저로선 저버릴 수 없는 생각이 있습니다. 몇 달 전에 신부님께서 큰 아량을 베풀어 제게 도움을 주셨지만 성공에 이르지는 못한 그 계획과도 아주 흡사한 생각이에요.

가속화되어 가는 작금의 상황으로 미루어, 이곳에 남겠다는 결심이야말로 제 자신의 의지에 따른 행동처럼 보인다는 것, 그것이 저를 떠나도록 밀어내는 주된 이유입니다. 제 가장 큰 바람이라면, 의지는 물론 본래의 존재 자체를 송두리째 잃는 것이니까요.

무언가가 저를 떠나라고 말하는 듯해요. 그것이 감각적인 충동이나 욕구는 절대 아님을 확신하기에 그 명령에 저를 맡깁니다.

제 생각이 틀렸을지언정 결국 이 내맡김이 저를 목적지로 무사히 데려다 주기를 기대합니다.

목적지란 다름 아닌 십자가입니다. 제게 그리스도의 십자가를 함께 짊어질 자격이 주어지지 않을 거라면, 적어도 회개한 도둑의 십자가라도 지고 싶습니다. 복음서에 나오는 인물들 중 그리스도를 제외하면 저는 이 회개한 도둑이 누구보다 부럽습니다. 그리스도 곁에서 십자가에 매달려 동일한 상황에 놓인다는 건, 영광에 싸인 그리스도 오른편에 앉는 것보다 훨씬 부러운 특권처럼 보입니다.

날짜가 다가오긴 해도 아직 제 결심이 돌이킬 수 없을 만큼 확고한 건 아닙니다. 그러니 혹시 저를 위한 충고가 있으면 지금 해주세요. 그렇다고 특별히 그 문제를 생각해달라는 말은 아닙니다. 생각하셔야 할 훨씬 중요한 일이 많을 테니까요.

일단 떠나면 신부님을 다시 뵐 수 있을 것 같지 않네요. 다음 생에서의 만남 따위를 상상하지도 않고요. 아무러면 어떤가요. 신부님이 존재하신다는 것만으로도 신부님에 대한 우정을 간직하기에 충분합니다.

프랑스에 남게 될 모든 이들, 특히 신부님을 생각하면 가슴이 미어질 겁니다. 하지만 그 역시 아무래도 좋습니다. 신부님은 무슨 일이 닥쳐도 해를 입을 수 없는 그런 사람들 중 하나니까요.

먼 곳에 있어도 신부님께 진 빚은 시간이 갈수록 나날이 늘어만 갈 겁니다. 그 거리가 신부님에 대한 생각을 가로막지는 못할 테니까요. 신부님을 생각하면 신을 생각하지 않을 수 없습니다.

자식과 같은 저의 우정을 받아 주세요.

시몬 베유

추신:
아시다시피 이 출발이 제겐 고통과 위험으로부터 달아나는 것과는 거리가 멉니다. 하지만 이렇게 떠남으로써 저로선 절대 하고 싶지 않은 일, 즉 본의 아니게 달아나고 있는 건 아닌지, 실은 이 걱정 때문에 몹시 불안합니다. 지금까지 우린 이곳에서 아주 평온하게 지냈습니다. 그런데 바로 제가 출발한 뒤에 이 평온이 사라진다면 저로선 끔찍한 일이 아닐 수 없어요. 그렇게 되고 말 거라는 확신이 선다면 저는 이곳에 남을 겁니다. 예측에 도움이 되는 일들을 알고 계시면 부디 제게도 알려 주세요.

4

영적 자서전

먼저 읽어 주세요. 추신.

이 편지는 끔찍이도 깁니다. 하지만 답장이 필요 없는 편지니 – 제가 떠나고 없을 테니 더더욱 그렇습니다 – 몇 년을 두었다가 읽으셔도 좋습니다. 그래도 언젠가는 읽어 주세요.

5월 15일경, 마르세유에서

신부님,

떠나기 전에 어쩌면 마지막으로 신부님께 드리고 싶은 말씀이 더 있습니다. 그곳에 도착하면 신부님 소식이 궁금해 간혹 제 소식을 전하는 게 전부일 테니까요.

제가 신부님께 큰 빚을 졌다고 말씀드렸지요. 무슨 빚인지, 정확하고 솔직하게 말씀드릴게요. 신부님께서 제 영적인 상태를 정말로 이해하신다면 저를 세례로 인도하지 않은 걸 조금도 후회하지 않으실 겁니다. 그런 이해가 신부님께 가능할지는 모르겠지만요.

신부님께서 제게 그리스도교적 영감을 불러일으키신 것도, 그리스도를 알게 하신 것도 아니에요. 제가 신부님을 만났을 당시, 그건 앞으로 해야 할 일이 아닌 이미 완수된 일이었으니까요. 그 어떤 인간의 개입도 없이 말입니다. 그렇지 않았다면, 암묵적으로뿐 아니라 의식적으로 제가 이미 그리스도에게 사로잡혀 있지 않았다면, 신부님은 제게 아무것도 주시지 못했을 겁니다. 제가 신부님에게서 아무것도 받지 않았을 테니까요. 신부님을 향한 제 우정이 오히려 신부님의 메시지를 거절하는 이유였을 수도 있어요. 신성한 것들의 영역에 어떤 인간적인 영향력이 행사됨으로써 야기되는 오류나 환상을 두려워했을 테니까요.

저는 평생 어느 한순간도 '신을 찾으려' 한 적이 없다고 말할 수 있어요. 분명 너무 주관적인 이유이긴 해도, 저는 그런 표현이 마음에 안 들고 잘못된 것처럼 보이거든요. 일찌감치 청년기부터 저는 신이라는 문제는 이 세상에선 정보를 얻을 수 없는 문제라 생각했고요. 그 문제에 대한 잘못된 해결이 제겐 더없이 끔직한 악이라 여겨졌는데, 그걸 피하기 위한 단 하나 확실한 방법은 그 문제를 제기하지 않는 것이었어요. 그래서 저는 그 문제를 제기하지 않았습니다. 긍정도 부정도 하지 않았어요. 그 문제를 푸는 건 쓸모없는 일이라 여겨졌고요. 이 세상에 사는 우리가 해야 할 일은 이 세상 문제에 대해 최상의 태도를 견지하는 거라 생각했거든요. 그런데 신의 문제를 해결한다고 이 태도가 달라지는 건 아니었어요.

적어도 제게는 그랬습니다. 어떤 태도의 선택을 두고 망설인 적은 한 번도 없었으니까요. 저는 선택 가능한 유일한 태도로서 항상 그리스도교적인 태도를 택했습니다. 그러니까 그리스도교적 영감이 배어 있는 환경에서 태어나고, 자라고, 늘 그 안에 머물러 있었던 거지요. 신의 이름조차 머릿속에 들어 있지 않았음에도, 이 세상과 삶의 문제들에 대해 분명하고도 엄격한 그리스도교적 견해를 지니고 있었다고 할 수 있어요. 그 견해가 지니는 가장 특징적인 개념들까지 포함해서 말이죠. 그 개념들 가운데 일부는 제가 기억하는 한 아주 오래전부터 제 안에 깃들어 있었고요. 그 밖의 개념들에 대해서도 그것들이 언제, 어떻게, 어떤 형태로 제 안에 자리 잡았는지 알고 있습니다.

예컨대 저는 내세에 대해서는 생각하지 않으려 했지만, 그래도 죽음의 순간이야말로 삶의 규준이자 목표라고 항상 믿었습니다. 올바른 삶을 사는 사람들에게 그것은 순수하고 적나라한 동시에 확실하고도 영원한 진리가 번개처럼 영혼 속으로 침투하는 순간일 거라 생각했어요. 저는 자신을 위해 어떤 다른 선을 바란 적이 없습니다. 그런 선으로 향하는 삶이 그저 공동의 윤리로 규정되지는 않는다고 생각했어요. 각자의 삶은 철저히 개인적인 일련의 행위와 사건들로 이루어지며 그것들은 온전히 피할 수 없는 것이기도 해서, 이 사실을 깨닫지 못하는 이들은 요점을 놓치는 셈이에요. 그것이 바로 제가 생각하는 '소명'의 개념이고요. 감각이나 이성에서 비롯된 것들과는 본질적으로 다른 어떤 충동에서, 저는 소명이 부과하는 행동의 기준을 보았습니다. 그런 충동이 일 때면, 설령 그것이 불가능한 것을 명한다 해도 제겐 그걸 따르지 않는 것보다 더 큰 불행은 없는 것 같았습니다. 그런 식으로 순종을 이해했어요. 공장에 들어가 머무르던 당시, 저는 일전에 말씀드렸던 그 멈추지 않는 강렬한 고통의 상태에서 그 개념을 시험해 보았습니다. 상황의 강요 혹은 그런 충동에 의해 모든 게 결정되는 삶, 선택의 여지가 전혀 없는 삶이야말로 제겐 언제나 상상 가능한 가장 아름다운 삶처럼 여겨졌지요.

열네 살 때 저는 청소년기의 끝없는 절망에 빠졌고, 제 타고난 능력이 보잘것없다는 생각에 정말로 죽을 마음을 먹기까지 했어요. 비범한 재능을 타고나 파스칼에 견줄 만한 유년 시절과 소년 시절을 보낸 오빠를 두었던 탓에, 저의 초라함을 의식하지 않을 수 없었죠. 외적인 성공을 두고 아쉬워했던 건 아닙니다. 그보다는 진정으로 위대한 사람들만이 들어가는, 진리가 거하는 저 초월적인 왕국에 한 발도 다가설 수 없음을 안타까워했어요. 그 진리 없이 살 바에는 차라리 죽는 게 나았습니다. 그렇게 의기소침한 상태로 몇 달을 보낸 뒤 문득 흔들리지 않는 확신이 생겼습니다. 그 누구라도, 심지어 타고난 재능이 거의 없어도, 천재에게만 허락된 진리의 왕국에 들어갈 수 있다고요. 그 진리를 갈구하고 거기 다다르기 위해 끊임없이 집중하려 애쓴다면 말이죠. 재능이 부족한 탓에 천재성이 밖으로 드러나 보이진 않아도, 그렇게 그 사람도 천재가 되는 겁니다. 나중에 두통이 제 하찮은 재능마저 마비시키고 거기서 절대로 벗어나지 못하리라는 걸 곧 깨달았을 때도, 저는 그 확신을 가지고 결과에 대한 아무 희망 없이 집중하려 애쓰며 십 년을 견딜 수 있었습니다.

진리라는 이름에 저는 미와 덕과 온갖 종류의 선을 포함시켰습니다. 그건 제게 은총과 욕구 사이의 관계라는 개념의 문제였어요. 제게 주어진 확신이란, 우리가 빵을 원할 때는 돌을 받지 않는다는 거였지요. 그렇다고 그 당시 제가 복음서를 읽었던 건 아닙니다.

저는 욕구가 온갖 형태의 영적인 선善의 영역에서 효력을 지닌다고 믿었던 만큼, 그 외에는 어떤 영역에서도 효력을 발휘하지 못한다고 확신할 수 있었어요.

청빈의 정신과 관련해서는, 저의 불완전과 일치하는 지극히 미약한 수준이나마 이 정신이 내 안에 존재하지 않았던 적은 없었다고 기억합니다. 성 프란체스코를 알게 된 순간, 그에게 곧 마음을 빼앗기고 말았고요. 그가 자유롭게 걸어 들어간 방랑과 구걸의 상태로 언젠가는 운명이 나를 밀어 넣을 거라 늘 믿었고, 또 그러기를 바랐습니다. 어쨌거나 그 상태를 겪지 않은 채 이 나이에 이른다는 생각은 하지 못했습니다. 감옥에 대해서도 그렇고요.

또한 유년기부터 저는 이웃에 대한 사랑이라는 그리스도교적 개념을 품고 있었고, 이 개념을 복음서 여러 곳에 등장하는 정의라는 너무도 아름다운 이름으로 불렀습니다. 하지만 그 후로 제가 이 점에선 여러 번이나 의무를 크게 소홀히 했음을 신부님도 알고 계시죠.

· 신의 뜻이 무엇이든 그걸 받아들여야 한다는 것이 최우

선의 필수적인 의무이며, 그 의무를 소홀히 한다면 스스로의 명예를 손상시킬 수밖에 없다는 생각이 제 머릿속에 각인되었습니다. 스토아학파가 말하는 '운명애'amor fati의 형태로 마르쿠스 아우렐리우스가 설명한 글에서 제가 그 사실을 발견한 순간부터 말입니다.

순결이라는 개념 역시, 이 말이 그리스도인에게 의미할 수 있는 온갖 뉘앙스와 함께 열여섯 살의 저를 사로잡았어요. 청소년기에 으레 겪게 마련인 정서적 불안을 몇 달 겪은 뒤의 일이었지요. 어떤 산의 경관을 유심히 바라보다 머릿속에 떠오른 이 개념이 점점 더 거부할 수 없는 무언가로 제 마음속에 자리 잡았습니다.

제 인생관은 그리스도교적이라는 것을 저는 너무도 잘 압니다. 그리스도교에 입교하겠다는 생각을 한 번도 하지 않았던 것도 그 때문이에요. 이미 그 안에서 태어난 것 같았으니까요. 그러니 스스로 확인해 보지도 않은 교리를 이 인생관에 부과한다는 건 정직하지 못한 행동으로 여겨졌을 겁니다. 교리의 진실성을 문제 삼거나 아니면 그저 그 문제에 대한 확신에 이르고 싶어 하면서도 정직성의 결여를 느꼈을 테고요. 지적인 정직성에 대해 저는 극도로 엄격한 기준을 적용해, 한 가지 경우 이상 정직성을 결하지 않은 이를 만난 적이 없어요. 저 자신 역시 그렇게 정직성을 결하게 될까 봐 항상 걱정합니다.

그런 식으로 교리를 멀리했기에, 일종의 조심성 때문에 저는 교회에 발을 들일 수 없었습니다. 그렇긴 해도 세 차례에 걸쳐 가톨릭 신앙과 정말로 중요한 접촉을 가질 기회가 있었어요.

공장 생활을 경험한 뒤 다시 교편을 잡기 전에 부모님이 저를 포르투갈로 데려가신 적이 있습니다. 그곳에서 저는 부모님을 두고 혼자 작은 마을로 들어갔어요. 몸과 마음이 산산조각 난 상태였지요. 그 불행과의 접촉으로 제 젊음은 죽고 없었습니다. 그전까지는 개인적인 불행 말고는 불행을 경험한 적이 없었어요. 하지만 저 자신의 불행은 그리 중요해 보이지 않았던 데다, 생물학적 불행이지 사회적 불행이 아닌 절반의 불행에 지나지 않았습니다. 저는 세상에 많은 불행이 있음을 잘 알고 있었고 그 생각이 뇌리를 떠나지 않았지만, 그렇다고 긴 시간 불행을 접하며 그 존재를 확인한 적은 없었습니다. 그런데 공장에 있으면서 저는 누가 봐도 – 저 자신을 포함해 – 구분되지 않을 만큼 익명의 대중과 뒤섞였고, 그러자 다른 이들의 불행이 내 살과 영혼 속으로 들어왔습니다. 그 무엇도 나를 그 불행으로부터 갈라놓지 못했어요. 실제로 저는 제 과거를 잊어버렸고 어떤 미래도 기대하지 않았으며, 그 피로를 이겨 낼 수 있다고 상상하기도 어려웠으니까요. 그때의 경험이 제 안에 너무 끈질기게 각인되어, 오늘에 이르러서도 상대가 누구든, 상황이 어떻든 누가 제게 함부로 대하는 기색 없이 말을 걸면, 저는 무언가 잘못되었으며 불행히도 잘못이 바로잡힐 거라는 인상을 받지 않을 수 없습니다. 그곳에서 저는 영원히 노예의 낙인을 받게 된 거지요. 로마인들이 달군 쇠로 가장 미천한 노예의 이마에 찍어 두었던 그런 낙인 말입니다. 그 후로 저는 스스로를 줄곧 노예라 여겼습니다.

이런 정신 상태와 극도로 피폐해진 몸으로 저는 포르투갈의, 아, 마찬가지로 피폐한 작은 마을에 혼자 들어갔습니다. 때마침 수호성인 축제가 열리고 있는, 보름달이 뜬 밤이었어요. 바닷가였지요. 어부의 아내들이 줄지어 촛불을 들고 고깃배 주위를 돌며 성가를 부르고 있었습니다. 애절한 슬픔이 배어 있는 아주 오래된 성가였어요. 내용을 전혀 짐작할 수 없는 노래였어요. 볼가강의 배 끄는 인부들이 부르는 노래를 제외하곤 그렇게나 가슴을 에는 노래는 들어 본 적이 없었습니다. 그 순간 저는 느닷없는 확신을 얻게 되었어요. 그리스도교는 무엇보다 노예들의 종교라는 것, 노예들은 거기 동조할 수밖에 없으며 나 역시 그들 가운데 하나라는 것을요.

1937년에는 아시시에서 멋진 이틀을 보냈습니다. 산타 마리아 델리 안젤리 성당 안에 자리한 12세기 로마네스크 양식 소성당에 혼자 있었어요. 성 프란체스코가 자주 와서 기도를 드렸다는 이 비길 데 없이 경이롭고 순수한 장소에서 저는 저 자신보다 강한 무언가에 의해 난생 처음 무릎을 꿇지 않을 수 없었습니다.

1938년에는 종려주일부터 부활절 화요일까지 열흘을 솔렘 수도원에서 보내며 모든 성무일도에 참여했습니다. 심한 두통 때문에 소리 하나하나에 강타당하는 듯한 고통을 받았지만, 저는 극도의 주의를 기울임으로써 이 비참한 육신에서 벗어날 수 있었어요. 육신 홀로 구석에 박혀 괴로워하도록 놔둔 채, 믿기지 않을 만큼 아름다운 노래와 가사에서 순수하고 완벽한 기쁨을 찾을 수 있었습니다. 이 경험을 통해 저는 불행을 통해 신의 사랑을 사랑할 수 있음을 더 잘 유추할 수 있게 되었고요. 성무일도가 이어지는 동안 그리스도의 고난에 대한 생각이 결정적으로 제 안에 들어왔음은 말할 필요도 없습니다.

그곳에 와 있던 한 젊은 영국인 가톨릭 신자가 성사의 초자연적 효능에 대한 생각을 처음으로 제게 심어 주었습니다. 성체를 받아 모신 뒤 그는 정말이지 천사의 광채를 발하는 듯했답니다. 그가 우연히 – 저는 '섭리'보다는 '우연'

이라는 말을 늘 선호하니까요 – 저를 위해 전령이 되어
준 셈이었어요. 형이상학 시인이라 일컬어지는 17세기 영
국 시인들의 존재를 그를 통해 알게 되었으니까요. 나중
에 그들의 시를 읽다가, 제가 신부님께 죄송하게도 변변
찮은 번역으로 읽어 드린 그 시[5]를 발견하기도 했고요. 저
는 그걸 암기하고 있습니다. 종종 두통의 발작이 극에 달
할 때면, 그 시에 온 정신을 집중하고 그 안에 깃든 부드
러움에 온 마음으로 매달리며 시를 암송하는 훈련을 했어
요. 그땐 그저 아름다운 시를 암송한다고 믿었는데, 저도
모르게 이 암송은 기도의 효력을 발휘하고 있었습니다.
그렇게 암송을 하고 있던 어느 순간, 신부님께 언젠가 편
지에서도 밝힌 바 있듯이 그리스도께서 친히 내려오셔서
저를 붙들었습니다.

풀리지 않는 신의 문제를 이성적으로 추론할 때는 그런
일이 가능하리라 예견하지 못했습니다. 이 세상에서 인간
과 신 사이에, 인격 대 인격의 접촉이 실제로 이루어질 수
있다고는 말이죠. 그런 유의 일들에 대해 어렴풋이 듣기
는 했지만 그걸 믿은 적은 한 번도 없었어요.『작은 꽃들』[6]
에 나오는 '발현' 이야기들은 복음서에 등장하는 기적들
처럼 반감을 갖게 했고요. 그런데 그리스도께서 난데없이
저를 사로잡은 순간엔 감각도 상상력도 전혀 끼어들지 않
았습니다. 저는 그저 고통을 통해, 사랑하는 이의 얼굴에

어린 미소에서 읽게 되는 그런 사랑의 현존을 느꼈을 뿐입니다.

제가 신비주의자들의 글을 읽은 적이 없었던 건, 그것을 읽으라는 명령을 내 안에서 한 번도 느껴보지 못했기 때문이에요. 독서를 할 때도 저는 언제나 순종을 실천하려고 노력했거든요. 지적 성장을 위해 그보다 더 효과적인 방법은 없습니다. 가능하면 갈구가 있는 순간 갈구의 대상인 그것을 읽기 때문인데, 그럴 때면 그것을 읽는 게 아니라 먹어 치운답니다. 신께서 자비를 베푸시어 제가 신비주의자들의 글을 읽지 않도록 하신 건, 전혀 예기치 못한 순간 이루어진 이 접촉은 나 자신이 지어낸 게 아니라는 걸 분명히 하기 위해서였습니다.

그래도 저는 제 지성을 – 제 사랑이 아니라 – 반쯤 거부한 거였어요. 그 당시에 확실해 보였고 지금도 그렇다고 믿는 건, 진리에 대한 순수한 염려 탓에 신께 저항한다면 얼마 안 가 굴복하고 만다는 사실입니다. 그리스도는 우리가 그리스도 자신보다 진리를 선호하기를 바라십니다. 그는 그리스도이기 이전에 진리이니까요. 우리가 그에게서 돌아서서 진리를 향해 간다면 얼마 못 가 그의 품에 안기고 말 겁니다.

그 일이 있은 뒤 저는 플라톤이 신비주의자라는 걸 느꼈어요. 『일리아스』는 그리스도교적인 빛에 잠겨 있고, 디오니소스와 오시리스는 어찌 보면 그리스도 자신이라는 것도요. 이런 것들로 인해 제 사랑은 배가되었습니다.

저는 예수가 신의 강생降生인가 아닌가 하는 의문을 가져 본 적이 없습니다. 사실 예수를 신으로 여기지 않고 그를 생각하기란 불가능했어요.

1940년 봄에 저는 『바가바드기타』를 읽었습니다. 강생한 어느 신의 입에서 나온, 그리스도교적 울림을 그대로 담고 있는 말들을 읽으면서 저는 확실히 느꼈습니다. 종교적 진리를 대할 때 우리는 아름다운 시에 대한 신봉과는 전혀 다른 태도를 지녀야 한다고요. 전혀 다른 방식의 절대적인 신봉이지요.

그렇다고 세례를 받는 문제를 숙고해 볼 수 있다고는 생각지 않았습니다. 비그리스도교 종교들과 이스라엘에 대한 제 감정들을 저버릴 순 없었으니까요. 사실 시간이 흐르고 숙고가 거듭될수록 그 감정들은 강화되었고, 그것들이 절대적인 장애물로 다가왔어요. 어느 사제가 제게 세례를 베풀 생각을 한다는 것조차 상상할 수 없는 일이었어요. 제가 신부님을 만나지 않았다면 세례를 받는 문제를 현실적인 문제로 숙고해 보는 일은 결코 없었을 겁니다.

이처럼 영적인 진전이 있는 동안에도 제가 기도를 한 적은 없습니다. 기도가 지니는 '암시'[7]의 힘, 파스칼이 원한 바로 그 힘을 두려워했으니까요. 파스칼의 이 방법이 제게는 신앙에 이르기 위한 가장 나쁜 방법들 중 하나로 여겨지거든요.

신부님을 만나면서도 기도를 하겠다는 마음이 들지는 않았습니다. 오히려 신부님을 향한 제 우정이 지닌 '암시'의 힘을 경계해야 했기에, 그 위험이 한결 걱정스럽게 여겨졌어요. 그러면서 제가 기도를 하지 않는 데다 신부님께 그 사실을 말씀드리지 않고 있다는 것에 무척 신경이 쓰였습니다. 사실대로 털어놓으면 신부님께서 저에 대해 완전히 오해하시게 될 것임을 알고 있었죠. 그 당시엔 신부님을 이해시킬 수 없었을 겁니다.

지난 9월까지 제가 기도를, 적어도 사전적 의미에서의 기도를 올린 적은 단 한 번도 없었습니다. 소리를 내서든 마음속으로든 신께 말을 건 적은 없었지요. 전례 기도를 외운 적도 없었고요. 간혹 '성모 찬송'Salve Regina을 암송하긴 했지만, 그저 아름다운 시처럼 여겨져서예요.

지난여름 T와 그리스어를 공부하면서 그에게 그리스어로 주기도문을 한마디씩 설명해 주었습니다. 우리는 그걸 암기하기로 서로 약속했어요. 하지만 그는 암기하지 않았던 것 같고, 그땐 저도 마찬가지였습니다. 그러다 몇 주 지나 복음서를 들추어 보다 생각하게 됐어요. 그러기로 약속했고 또 좋은 일이기도 하니 그렇게 하겠다고요. 그래서 그렇게 했습니다. 그런데 저는 그 그리스어 텍스트가 지닌 무한한 감미로움에 흠뻑 빠져 며칠 동안 쉴 새 없이 그 기도문을 암송하지 않을 수 없었어요. 한 주 뒤에 포도 수확이 시작되었죠. 날마다 일이 시작되기 전 저는 그리스어로 주기도문을 외었고, 포도밭에서도 시시때때로 암송을 되풀이했어요.

그 후로 저는 매일 아침 온 정신을 집중해 그 기도문을 한 차례 암송하는 걸 유일한 습관으로 삼았습니다. 암송하는 동안 조금이라도 주의력이 흐려지거나 잠이 들면 순수한 주의력을 얻을 때까지 다시 시작하는 거예요. 때론 그저 좋아서 한 번 더 시작하지만, 반드시 욕구가 일 때만 그렇게 합니다.

이 습관의 효과는 굉장한 것이어서 매번 저를 놀라게 합니다. 날마다 그걸 경험하는데도 매번 제 기대를 넘어서니까요.

간혹 첫 단어들이 이미 제 생각을 육신에서 잡아채 관점도 시점도 없는, 우주 공간 너머의 어떤 장소로 옮겨 놓습니다. 공간이 열리는 거지요. 인식의 평범한 공간인 무한 대신 제2의, 때론 제3의 어떤 절대적인 무한이 들어섭니다. 그러면서 이 무한의 무한은 온통 침묵으로 채워지지요. 소리의 부재가 아닌 침묵, 소리라는 감각보다 더 적극적인 감각의 대상인 침묵입니다. 설령 소리들이 존재한다 해도, 그것은 이 침묵을 통과하고서야 내게 도달합니다.

그런가 하면 이처럼 암송을 하고 있는 동안이나 다른 순간에 그리스도 자신이 함께하시기도 합니다. 처음 저를 붙드셨을 때보다 무한히 더 현실적이고 감동적이며 사랑이 차고 넘치는 현전으로 말입니다.

제가 출발을 앞두고 있는 상황이 아니라면 신부님께 이 모두를 말씀드릴 수는 없었겠지요. 그러나 어쩌면 죽을지도 모른다는 생각으로 떠나기에, 제게는 이것들에 대해 침묵할 권리가 없어 보이네요. 결국 문제가 되는 건 제가 아닙니다. 신에 관한 문제일 뿐이죠. 저는 정말로 아무것도 아닙니다. 신께서도 실수가 가능한 존재라면, 저는 그 모두가 실수로 내게 일어난 거라 여기겠지요. 그러나 신께서는 폐기물이나 마모된 부품, 버려진 물건을 사용하기를 좋아하시는지도 몰라요. 곰팡이가 슨 면병麵餠일지라도 사제의 축성을 받은 뒤엔 그리스도의 몸이 되니까요. 면병은 그렇게 될 수밖에 없거든요. 반면 우리는, 우리는 순종하지 않을 수 있지요. 제가 이렇게나 큰 자비를 입는 것으로 미루어, 제가 짓는 죄는 모두 대죄처럼 보이기도 해요. 저는 끊임없이 그 죄를 범하고 있고요.

제게 신부님은 아버지며 형제 같은 분이라고 말씀드렸지요. 하지만 이 말은 어떤 유사성을 표현한 데 지나지 않아요. 실은 그저 애정과 감사, 감탄의 느낌을 대신하는 말에 불과한지도 모르고요. 내 영혼에 대한 영적인 지휘와 감독으로 말하자면, 처음부터 신께서 친히 내 손을 잡아 붙들고 계신다고 생각하니까요.

그렇다 치더라도 저는 한 인간에게 질 수 있는 가장 큰 빚을 신부님께 지고 있는 게 사실입니다. 그 빚이 무엇인지 정확히 말씀드릴게요.

우선 신부님께서 언젠가 제게 하신 말씀이 있습니다. 우리의 교분이 처음 시작될 때 하신 그 말씀이 제 마음속 깊이 와 박혔지요. "정말로 조심해야 합니다. 중요한 무언가를 실수로 간과하게 된다면 유감스러운 일이 될 테니까요."

그 말씀을 듣고 저는 지적인 정직성에 대한 의무를 새로운 관점에서 자각하게 되었답니다. 그전까지는 그 의무를 신앙에 맞서는 것으로만 인식했거든요. 그런 인식은 끔찍하게 여겨질지도 모르지만 사실은 그렇지 않습니다. 저는 제 모든 사랑이 신앙 편에 있음을 느끼고 있었으니까요. 하지만 그 말씀을 듣자, 어쩌면 내 안에 부지중에 신앙에 맞서는 불순한 장애물이나 편견, 습관이 있을지 모른다는 생각을 하게 되었어요. 오랜 세월 저 자신에게 "그 모든 게 사실이 아닐 거야"라고 말해 왔고 여전히 그 생각을 포기하지 않으면서도 – 지금도 종종 그렇게 생각하려고 신경 쓰거든요 – 그 신조에 상반되는 신조를 더해야 함을 느꼈지요. "그 모든 게 사실일 수도 있어"라고 말이에요. 그리고 그 두 생각이 번갈아 이어지게 하는 겁니다.

신부님은 또한 제게 세례가 현실의 문제가 되게 하셨어요. 신앙과 교리와 성사를, 제가 분별하고 수행해야 하는 무언가로서 오랫동안 아주 가까이에서 온 정신을 집중해 직시하도록 만드신 거예요. 신부님의 그런 부추김이 없었다면 저는 절대로 그렇게 하지 않았겠지요. 제게 꼭 필요한 일이었음에도 말입니다.

하지만 신부님께서 베푸신 더 큰 은혜는 또 다른 차원의 것이에요. 신부님은 제가 한 번도 경험한 적 없는 비상한 자애로 제 우정을 획득하심으로써, 인간사에서 찾아지는 가장 순수하고 강력한 영감의 원천을 제게 마련해 주셨거든요. 신을 한층 더 강렬한 시선으로 항시 응시하려면, 인간사 가운데 신의 친구들에 대한 우정만큼 강한 것은 없으니까요.

그토록 오랫동안 크나큰 인자함으로 제게 베푸신 그 관용이야말로 신부님께서 지니신 자애의 정도를 헤아려 볼 수 있게 해줍니다. 제 말이 농담처럼 들리실지 모르지만 그렇지 않습니다. 신부님은 저에 대해 저 자신만큼 증오와 혐오감을 느낄 이유(지난번 제가 편지로 말씀드린)가 없는 게 사실이지요. 그렇더라도 신부님께서 제게 보여주시는 인내심은 오로지 어떤 초자연적인 관용에서 비롯된 것이라 생각된답니다.

그럼에도 제 자신이 야기했음이 분명한 엄청난 실망을 신부님께 끼쳐 드리지 않을 수 없었네요. 기도나 미사 중 혹은 미사 후 영혼 안에 머무는 빛에 비추어 종종 자문해 보았지만 이제까지 저는 단 한 번도, 한 순간도 신께서 제가 교회에 속하기를 원하신다는 느낌을 가져 본 적이 없어요. 단 한 번도 그 점을 의심해 본 적이 없습니다. 그러므로 신께서는 내가 교회에 속하는 걸 원치 않으신다고 이젠 결론지을 수 있다고 믿습니다. 이 사실을 조금도 애석하게 여기지 말아 주세요.

적어도 지금까지는 그렇습니다. 제 생각이 틀리지 않았다면 앞으로도 - 어쩌면 죽음의 순간을 제외하곤 - 제가 교회 밖에 남는 것이 신의 뜻이라 여겨지고요. 어쨌거나 신의 명령이라면 저는 두말없이 순종할 준비가 늘 되어 있습니다. 지옥 한복판으로 가서 영원히 그곳에 머무르라는 명령이라도 기쁘게 순종할 겁니다. 이런 유의 명령을 제가 선호한다는 뜻은 물론 아니에요. 그렇게 타락한 마음의 소유자는 아니니까요.

그리스도교는 보편적인 것이기에 예외 없이 모든 소명을 포함해야 합니다. 따라서 교회도 그렇습니다. 하지만 원칙상 보편적이어야 하는 그리스도교가 실제로는 그렇지 않은 듯싶어요. 너무도 많은 것들이 그리스도교 외부에 자리합니다. 제가 사랑하기에 포기하고 싶지 않은 것들, 신께서 사랑하시는 많은 것들이 - 그렇지 않다면 존재하지 않을 테니까요 - 그렇습니다. 요컨대 지난 스무 세기를 제외한 과거의 무한한 시간들, 유색 인종이 사는 나라들, 백인 국가 사람들의 모든 세속적인 삶, 이들 나라 역사에서 마니교나 알비파 전통처럼 이단으로 규정된 전통들, 르네상스로부터 태어나 잦은 타락을 겪었지만 완전히 무가치한 것은 아닌 모든 것이에요.

그리스도교가 원칙상 보편적인 것이어도 실제로는 그렇

지 않다면, 저 역시 원칙상 교회의 일원이면서도 실제로는 그렇지 않아도 정당한 일이겠지요. 일시적으로뿐만 아니라 평생에 걸쳐 그럴 수도 있을 겁니다.

그저 정당하기만 한 건 아닙니다. 신께서 반대의 것을 명한다는 확신을 주시지 않는 한, 제게는 의무이기도 합니다.

그런데 향후 이삼 년 동안의 의무, 반드시 이행해야 할 의무는 - 이 의무를 소홀히 한다는 건 배신행위와 다름없는 - 진정으로 육화한 그리스도교의 가능성을 대중에게 보여주는 것이에요. 우리가 아는 모든 역사를 통틀어, 오늘날만큼 전 세계 사람들의 영혼이 위기에 처한 적은 없었습니다. 구리뱀을 다시 들어 올려 거기에 눈길을 주는 자 누구나 구원받을 수 있도록 해야 합니다.

그런데 모든 게 너무도 긴밀히 연결되어 있어, 그리스도교는 보편적일 경우에만(방금 전에 제가 규명한 의미에서) 진정한 육화가 가능합니다. 그리스도교가 자체 내에 모든 걸, 절대적으로 모든 걸 담지 않는다면 어떻게 그것이 유럽 모든 민족의 몸 안에서 흐를 수 있을까요? 거짓은 물론 제외하고 말입니다. 그러나 존재하는 모든 것에는 대부분의 경우 거짓보다는 진실이 더 많지요.

저는 이 문제에 대한 절박성을 뼈저리게 느끼고 있습니다. 그러므로 제가 태어나면서부터 자리하는 지점, 곧 그리스도교와 그리스도교가 아닌 모든 것이 교차하는 이 지점을 떠난다면 저는 진리를, 요컨대 제가 진리라 여기는 걸 배반하게 될 테지요.

저는 이 분명한 지점에, 곧 교회의 문턱에, 꼼짝 않고 부동의 자세 ἐν ὑπομονῇ[8] – 인내 patientia 보다 훨씬 아름다운 말입니다! – 로 항상 머물러 있었습니다. 그러나 이제 마음만은, 제가 원하는 바이기도 하지만, 제단 위에 모습을 드러낸 '성체'聖體 안으로 영원히 옮아갔답니다.

H가 지극한 선의로 저의 생각이라 여겼던 것들과는 제가 몹시 거리가 있다는 걸 이제 신부님도 아셨겠지요. 그렇다고 제가 괴로워하는 건 전혀 아닙니다.

제가 슬픔을 느낀다면, 그건 우선 운명이 제 감수성에 영원히 새겨 둔 영속적인 슬픔에서 비롯된 것입니다. 그지없이 순수한 최고의 기쁨마저도 제가 애써 집중함으로써만 그 위에 겹쳐질 수 있다고나 할까요. 그 슬픔은 제가 지속적으로 짓게 되는 비참한 죄들에서 말미암은 것이기도 해요. 이 시대의 모든 불행과 과거에 존재한 모든 불행에서 비롯된 것이기도 하고요.

제가 신부님께 항상 맞서 왔다는 걸 아시리라 생각해요. 그렇긴 해도 신부님이시니, 어떤 진정한 소명 탓에 교회 안으로 들어올 수 없는 이 상황을 인정해 주실 수 있을 거예요.

안 그러면 제 잘못이든 신부님의 잘못이든 우리 사이에 오해의 벽이 남게 되겠죠. 신부님을 향한 제 우정을 생각하면 그건 슬픈 일이겠고요. 그렇게 되면 제게 쏟으신 신부님의 자애로운 노력과 열망의 결과가 실망으로 이어지고 말 테니까요. 제 잘못이 아니라 해도 제 배은망덕을 두고 저 역시 자책하지 않을 수 없겠지요. 다시 한번 말씀드리지만, 저는 신부님께 이루 헤아릴 수 없는 빚을 지고 있으니까요.

한 가지 사실을 주목해 주세요. 그리스도교가 육화하는 데 절대 넘을 수 없는 장애물이 있다는 것을요. 다름 아닌 '파문이다'anathema sit[9]라는 말의 사용입니다. 그 말의 존재가 아니라, 지금까지 그 말이 사용되어 왔다는 사실입니다. 이 사실 역시 제가 교회의 문턱을 넘지 못하도록 방해합니다. 교회 안에, 이 만유의 집합소 안에 들어가지 못하는 모든 것 편에 제가 남아 있는 것도 바로 이 짧은 말 때문입니다. 제 자신의 지성 또한 그들 가운데 하나이기에, 저는 더더욱 그들 편에 남게 됩니다.

그리스도교의 육화는 개인과 집단 간 관계의 문제가 조화롭게 해결됨을 전제로 합니다. 피타고라스 철학에서 의미하는 조화, 곧 상반되는 것들의 정확한 균형이지요. 그 해결이야말로 오늘날 사람들이 갈망하고 있는 것입니다.

지성의 입지가 이 조화의 시금석입니다. 지성은 특히나 완전히 개인적인 무엇이니까요. 지성이 제자리를 지키며 구속받지 않고 자체의 기능을 한껏 발휘하는 곳 어디나 이 조화가 존재합니다. 십자가형 당시 그리스도께서 드러내 보이신 고통에 대한 민감성과 관련해, 성 토마스가 그리스도의 영혼이 지닌 모든 면모를 두고 감탄할 만한 어조로 이야기하는 것도 그것입니다.

지성의 고유한 기능은 모든 것을 부정할 권리를 전제로 하며 일체의 지배를 거부하는 완전한 자유를 요구합니다. 지성이 지휘권을 찬탈하는 곳마다 과도한 개인주의가 존재하는 반면, 지성이 거북함을 느끼는 곳 어디나 하나 혹은 다수의 억압적인 집단이 존재합니다.

교회와 국가는 자기가 인정하지 않는 행위를 지성이 권할 때 저마다 자체의 방식으로 그것을 벌해야 합니다. 지성이 순전히 이론적인 사변의 영역에 머무를 때도 교회와 국가는 필요한 경우 대중에게 경각심을 심어 주어야 할 의무를 집니다. 일부 사변이 품행에 미치는 실질적인 영향의 위험에 맞서 효율적인 수단을 모두 동원함으로써 말이죠. 하지만 이 이론적인 사변이 어떤 것이든, 교회와 국가가 그것을 억압하거나 당사자들에게 물질적·도덕적 손실을 가할 권리는 없습니다. 특히 그들이 성사를 원한다면 그걸 가로막아서는 안 됩니다. 그들이 무슨 말을 했든, 심지어 신의 존재를 공공연히 부정했다손 쳐도 그들은 아무 죄도 범하지 않았을 수 있으니까요. 이런 경우에 교회는 그들이 오류에 빠져 있음을 표명해야겠지만, 그들에게 말한 바를 철회하라는 식의 강요를 하거나 생명의 빵을 박탈해서는 안 됩니다.

어떤 집단이 교리의 수호자입니다. 그런데 이 교리는 사랑과 믿음, 지성이라는 순전히 개인적인 세 기능이 관조해야 할 대상이에요. 그렇기에 그리스도교 안에는 거의 처음부터 개인이 느끼는 거북함이, 특히 지성이 느끼는 거북함이 존재했지요. 이 사실을 부인할 수 없습니다.

진리 자체인 그리스도 자신도 공의회 같은 어떤 회중 앞에서라면 친한 친구와 머리를 맞대고 이야기할 때의 어투를 사용할 수는 없겠지요. 우리는 상충되는 말들을 비교하면서 분명 거짓과 모순을 지적하고 비난할 수 있을 겁니다. 실제로 신 스스로가 존중하는 어떤 자연법칙에 따라 – 신은 영원히 그 법칙을 원하시기에 – 설령 같은 단어들로 형성되어 있더라도 완전히 구별되는 두 언어가 존재합니다. 다시 말해 집단의 언어와 개인의 언어지요. 그리스도께서 우리에게 보내시는 '위로자', 곧 진리의 영은 상황에 따라 그 두 가지 언어 중 하나로 말하는데, 필연적으로 둘은 일치하지 않습니다.

신의 진정한 친구들 – 제가 느끼기에 마이스터 에크하르트[10] 같은 – 은 그들 자신이 은밀히 침묵 속에서 사랑과 합일된 순간에 들었던 말들을 되풀이합니다. 그 말들이 교회의 가르침과 일치하지 않는 건 단지 공공장소에서 사용되는 언어가 신방新房의 언어와는 다르기 때문이지요.

정말로 친밀한 대화는 두세 사람 사이에서만 가능함을 누구나 압니다. 대여섯 명만 되어도 이미 집단의 언어가 지배하기 시작하거든요. 그러므로 "너희 중 두세 사람이 내 이름으로 모인 곳이라면 어디든 내가 함께하겠다"라는 말을 교회에 적용할 경우 우리는 완전히 곡해하고 맙니다. 그러나 그리스도는 이백이라고도, 오십이라고도, 열이라고도 하지 않으셨어요. 두셋이라고 하셨지요. 정확히 말해 그리스도인의 친밀한 우정에, 허심탄회한 우정에, 그리스도가 어김없이 제삼자로 함께하신다는 의미입니다.

그리스도는 교회에 여러 약속을 하셨지만, 그 어떤 약속도 "은밀한 곳에 계시는 네 아버지"[11]와 같은 표현의 힘을 지니지는 못합니다. 신의 말은 은밀한 말입니다. 이 말을 듣지 못한 자라면 교회가 가르치는 모든 교리를 신봉한다 해도 진리를 접한 것은 아닙니다.

교리의 집단적 수호자로서 교회의 역할은 꼭 필요합니다. 특정 영역의 이 역할을 두고 보란 듯이 공격을 가하는 자가 있다면, 교회는 성사를 박탈함으로써 그를 벌할 권리와 의무가 있습니다.

그러므로 저로선 거의 무지한 문제이긴 해도, 교회가 루터를 벌한 것은 옳은 일이었다고 잠정적으로 믿게 됩니다.

하지만 교회가 사랑과 지성으로 하여금 교회의 언어를 규범으로 삼도록 강요한다면 권력을 남용하는 셈입니다. 권력의 이런 남용은 신에게서 비롯된 것이 아니며 그저 집단의 자연스러운 경향일 뿐이에요. 집단은 모두 예외 없이 권력을 남용하려 드는 법이니까요.

그리스도 '신비체'[12]라는 이미지는 몹시 매력적이에요. 하지만 오늘날 사람들이 이 이미지에 부여하는 중요성이야말로 우리의 타락을 말해 주는 가장 심각한 징후라고 봐요. 우리의 진정한 존엄성은 어떤 몸의 – 신비체든 그리스도의 몸이든 – 일부가 되는 것이 아니거든요. 우리가 각자의 소명이기도 한 완벽의 상태일 때는 더 이상 우리 자신으로 살지 않고 그리스도께서 우리 안에 살게 된다는 것, 우리의 존엄성은 바로 그것입니다. 이런 상태에서는 불가분의 단일성을 이루고 계신 온전하신 그리스도께서 어찌 보면 우리 개개인이 되는 거지요. 면병 하나하나에 그가 온전히 존재하시듯 말입니다. 면병은 그의 몸의 일부가 아닙니다.

그리스도 신비체라는 이미지가 오늘날 그렇게 중시되는 걸 보면 그리스도인이 외부의 영향에 얼마나 쉽게 물들 수 있는지 알게 됩니다. 그리스도 신비체의 일원이라는 사실에는 분명 강렬한 도취감이 존재하지요. 하지만 오늘날엔 그리스도를 우두머리로 두지 않은 수많은 다른 신비체들이 그 일원에게 동일한 성질의 도취감을 제공한다는 게 저의 생각입니다.

신께 순종하느라 그리스도 신비체의 일부가 되는 기쁨을 박탈당하는 게 제게는 기분 좋은 일입니다. 신께서 저를 도우신다면 그 기쁨 없이도 죽을 때까지 그리스도에게 충실할 수 있다는 걸 제가 증명해 보일 테니까요. 오늘날엔 사회적 감정들이 큰 영향력을 행사하여 고통과 죽음 앞에서 사람들을 쉽사리 극단적 영웅주의로까지 치닫게 하는 터라, 양 몇 마리는 우리 밖에 남는 것도 바람직하다고 생각합니다. 그리스도의 사랑은 본질적으로 전혀 다른 것임을 증명하기 위해서 말이죠.

오늘날 교회는 집단의 억압에 맞서는 개인의 불가침의 권리를, 그리고 압정에 맞서는 생각의 자유라는 신조를 옹호합니다. 하지만 그건 일시적으로 강자의 위치에 놓이지 못한 이들이 쉽사리 선택하게 되는 신조들이죠. 언젠가는 자기들이 다시 강자가 되기 위한 유일한 수단인지도 모르고요. 이는 우리가 익히 아는 현상입니다.

이런 생각이 신부님의 기분을 상하게 만들지도 모르겠네요. 그렇게 되어선 안 됩니다. 신부님이 교회는 아니니까요. 교회가 끔찍이도 직권을 남용했던 시절에도 신부님 같은 사제들이 있었을 테고요. 하지만 신부님의 선의가 무슨 보증이 되어 줄 수는 없습니다. 그것이 신부님께서 속하신 수도회의 정신과 닮아 있다고 해도 말이죠. 상황이 어떻게 전개될지는 신부님도 예측할 수 없고요.

교회의 작금의 태도가 효율적이려면, 또 교회가 쐐기처럼 단단히 사회생활 속으로 침투하려면, 스스로가 변하고 혹은 변하기를 원한다는 걸 공언해야 합니다. 그러지 않는다면 어느 누가 종교 재판을 기억하면서 교회의 태도를 진지하게 받아들일 수 있을까요? 종교 재판 이야기를 해서 죄송합니다. 신부님을 향한, 또 신부님을 매개로 신부님께서 속하신 수도회까지 확장되는 제 우정을 생각하면 몹시 가슴 아픈 언급이긴 합니다. 그래도 그 재판이 존재한 건 사실이에요. 전체주의 체제였던 로마 제국이 멸망한 뒤 13세기 유럽에서 알비 십자군 전쟁[13]을 치르고 가장 먼저 전체주의의 바탕을 마련한 건 바로 교회입니다. 그 나무가 많은 열매를 맺은 거지요.

그런데 이 전체주의의 원동력이 되었던 것이 바로 'anathema sit'라는 짧은 두 단어의 사용입니다.

그런가 하면 그 사용을 적절히 전환함으로써 우리 시대의 전체주의 체제를 만들어 낸 모든 정당이 양산되었습니다. 이것이 제가 특별히 연구한 역사적 논점이에요.

저의 이해를 훌쩍 넘어서기에 제가 무얼 알려고 해선 안 되는 수많은 문제들에 대해 이런 식으로 말하는 저를 보면서, 악마의 오만이라는 인상을 받게 되실지도 모르겠네요. 그건 제 잘못이 아니에요. 이런 생각들이 실수로 제 안에 들어와 머물다 그 실수를 깨닫고는 나가고 싶어 안간힘을 씁니다. 그것들이 어디서 왔으며 무슨 가치가 있는지 저로선 알 수 없지만, 어찌 되었든 그 작용을 막을 권리가 제게 있다고는 보지 않습니다.

작별의 인사를 드립니다. 신부님께 행운이 가득하길 바랄 게요. 십자가는 제외하고 말이죠. 신부님도 눈치채셨겠지만 저는 제 이웃을, 특별히 신부님을 저 자신만큼 사랑하지는 않으니까요. 하지만 그리스도는 자신이 사랑하는 친구에게, 그리고 그와 영적 계보를 함께하는 모두에게, 파멸과 실추와 절망을 통해서가 아니라 끊임없는 기쁨과 순결과 온화함 속에서 그에게 이르는 걸 허락하셨습니다. 그러니 언젠가 신부님께 주님을 위한 변사變死의 영광이 주어진다 해도 한 점 불안 없는 기쁨이 충만하길 기대해 볼 수 있겠지요. 또한 신부님께는 세 가지 지복mites, mundo corde, pacifici[14]만 주어지기를요. 그 밖의 것들은 크건 작건 고통을 수반하니까요.

그저 인간적인 나약한 우정 탓에 이런 소원을 발하는 건 아닙니다. 어떤 인간이든 따로 떼어 놓고 보면, 그에겐 불행이 어울리지 않는다고 결론지을 이유를 항상 발견하게 되거든요. 그런 엄청난 일을 감당하기엔 너무 범용한 인간처럼 보이거나, 반대로 파괴당하기엔 너무 소중한 존재 같아서입니다. 두 주요 계명[15] 중 두 번째 계명에 대해 이보다 더 심각한 위반은 없겠죠. 첫 번째 계명에 대해서라

면 더 큰 잘못을 제가 저지르고 있긴 하지만요. 그리스도
의 십자가형을 생각할 때마다 질투의 죄를 저지르게 되니
까요.

그 어느 때보다 지금 그리고 영원히, 자식과 같은 저의 우
정과 감사의 마음을 받아 주세요.

시몬 베유

5

그녀의 지적 소명

카사블랑카에서[16]

S[17]에게,

네 가지 물건을 보냅니다.

우선 페랭 신부님께 드리는 개인적인 편지예요. 아주 긴
편지인데, 답장을 속히 받아야 할 이유가 전혀 없는 그런
내용만 담고 있습니다. 신부님께 우편으로 보내진 마세
요. 그분을 뵙게 될 때 직접 전달해 주시고, 훗날 정신적
인 자유와 여유가 생길 때 내용을 읽어 보시라고 말해 주
세요.

두 번째는(제가 편의상 봉하긴 했는데 직접 열어 보세요. 다른
두 봉투도 마찬가지고요) 피타고라스학파 텍스트들에 가한

주석인데, 제가 시간이 없어 마무리 짓지 못한 채 맡기고 간 작업에 첨부하면 됩니다. 번호가 매겨져 있으니 어려운 일은 아닐 거예요. 글도 구성도 엉망인지라 소리 내어 읽어 보니 이해하기 힘든 게 사실이지만, 그렇다고 옮겨 적기엔 내용이 너무 길어 이대로 보낼 수밖에 없네요.

페랭 신부님께 말씀드려 주세요. 이미 신부님께 밝힌 대로 이 모든 작업이 티봉 씨 손에 맡겨져 제 노트들에 첨부되길 바란다고요. 하지만 페랭 신부님께서 아직 그 글에서 뽑아서 사용할 무언가가 있다고 판단하신다면 그만큼 가지고 계셔도 좋습니다. 또 신부님께 괜찮다고 여겨지는 이가 있으면 보여주셔도 좋고요. 이 작업은 전적으로 그분 소유로 넘깁니다. 그리스어로 된 텍스트들 자체를 제외하면 완전히 무가치한 선물일지 모르겠어요. 하지만 이것 말고는 드릴 게 없네요.

세 번째로, 제 원고들 사이에서 발견된 소포클레스 단편을 번역해 보냅니다. 제가 당신에게 맡기고 간 작업에는 그저 몇 행만 옮겨 둔, 엘렉트라와 오레스테스의 대화 전문이에요. 그 대화를 베껴 적는 동안 한 자 한 자가 내 존재 한복판에서 너무도 깊고 은밀한 울림을 전해 왔답니다. 엘렉트라를 인간의 영혼과, 오레스테스를 그리스도와 동일시한 해석이 거의 옳다고 여겨지는 게, 마치 저 자신이 그 행들을 직접 썼다는 느낌이 들 정도예요. 이 말 역시 페랭 신부님께 전해 주세요. 신부님도 이 텍스트를 읽으면 이해하실 겁니다.

제가 지금 당신에게 쓰고 있는 글 역시 신부님께 읽어 드리세요. 이 글이 그분의 마음을 아프게 하지 않기를 진심으로 바라지만요.

피타고라스학파에 대한 작업을 마치면서 결정적이고도 확실한 방식으로 – 이 두 단어를 사용할 권리가 인간에게 있다는 가정하에 – 느낀 바가 있습니다. 받은 소명이 그러하니 나는 교회 밖에 머물러야 하며, 교회든 그리스도교 교리든 거기에 어떤 식으로도 – 암묵적인 방식으로조차 – 연루되지 않은 채 남아 있어야 한다고요. 어쨌거나 제게 지적인 작업이 완전히 불가능해질 때까지는 말이죠. 그건 지성의 영역에서 신과 그리스도교 신앙을 섬기기 위해서예요. 제 고유한 소명에 따라 제게 부과된 지적 성실성에 의거해 제 사고는 어떤 사상에 대해서도, 예컨대 물질주의와 무신론까지 포함해 중립적일 것을 명합니다. 그것들 모두에 대해 똑같이, 수용적인 동시에 신중한 태도를 취하라고요. 물이 그 안에 떨어지는 물체들에 대해 중립적이듯 말이죠. 물은 그것들의 무게를 재지 않습니다. 그것들 자신이 잠시 흔들리다 균형을 잡게 되지요.

저 자신이 꼭 그렇지는 않다는 걸 잘 압니다. 그럴 수 있다면 더 바랄 게 없겠죠. 하지만 제겐 그래야 할 의무가 있습니다. 그런데 제가 교회 안에 있다면 절대로 그럴 수 없을 겁니다. 제 경우엔, 물과 영으로 거듭나려면 가시적인 물을 삼가야 하니까요.

제가 자신에게서 지적인 창조의 힘을 감지해서가 아닙니다. 하지만 그런 창조와 관련된 의무는 느낍니다. 그건 제 잘못이 아니며, 스스로도 어쩔 수 없는 일이에요. 저 자신 외에는 어느 누구도 이 의무를 평할 수 없고요. 지적인 혹은 예술적인 창조의 조건은 너무도 사적이며 내밀한 것이어서 외부의 시선으로는 간파할 수 없습니다. 예술가들이 자신의 나쁜 행실을 그런 식으로 변명하려 든다는 걸 저도 압니다. 하지만 제 경우는 사정이 전혀 다릅니다.

이처럼 지성의 차원에서 사고의 중립성을 지키는 게 신에 대한 사랑과 모순된다고 볼 수는 전혀 없습니다. 매일 매순간 갱신되는 마음속 사랑의 맹세와도 모순되지 않고요. 매번 영원하며 매번 새로운, 전혀 때 묻지 않은 맹세예요. 제가 마땅히 그래야 할 모습이 있다면 바로 그런 모습일 겁니다.

그건 불안정한 균형의 자세처럼 보이지만, 그래도 신께서 제게 허락하셔서 충직할 수 있는 은총이 주어진다면 저는 '꼼짝 않고'$^{ἐν\ ὑπομονῇ}$ 무한정 머무를 수도 있습니다.

제가 그리스도께서 정하신 방법으로 그의 몸에 참여하기를 스스로 금하는 건, 진리이신 그리스도를 섬기기 위해서입니다. 더 정확히 말하면, 그리스도께서 제게 그것을 금하신 거죠. 이제까지 단 한 순간도 제게 선택권이 있다는 느낌을 받은 적이 없거든요. 그뿐만 아니라 인간에게도 어떤 확신의 권리가 있다는 전제하에, 제게는 평생 그것이 금해지리라는 걸 확신합니다. 가정에 불과한 일이긴 하지만, 모종의 변수가 작용해 제가 지적 노동의 가능성을 돌이킬 수 없이 모조리 상실하게 된다면 모를까요.

이 말이 페랭 신부님을 상심에 빠트린다면, 저로선 그저 신부님께서 저를 속히 잊어 주시기를 바랄 수밖에 없네요. 신부님의 마음을 조금이라도 아프게 하느니 그의 생각 속에서 아예 지워져 버리는 편이 훨씬 나을 테니까요. 그럼에도 신부님께서 득이 될 만한 무언가를 거기서 취하실 수 있는 게 아니라면요.

함께 보내는 목록 중에는 학업의 영적인 사용에 관한 원고도 있습니다. 제가 실수로 들고 와 버린 건데, 그것 역시 페랭 신부님께 전달해 주세요. 몽펠리에의 가톨릭청년

학생연맹에 간접적으로 관여하고 계시니까요. 그 원고도 신부님께서 알아서 처리해 주셨으면 해요.

제게 보여주신 친절에 다시 한번 감사드리고 싶네요. 자주 생각날 겁니다. 가끔씩 서로 소식을 전할 수 있기를 바랄게요. 장담할 수 있는 일은 아니지만요.

우정을 전하며,

시몬 베유

6

마지막 생각들

1942년 5월 26일, 카사블랑카에서

신부님,

그래도 제게 마음을 쓰셔서 편지를 보내 주신 것에 감사
드립니다. 출발의 순간, 신부님께 들은 다정한 몇 마디는
제게 몹시 소중한 것이었어요.

성 바울로의 눈부시게 아름다운 말들을 인용해 주셨죠.
저의 비참함을 신부님께 고백하면서 제가 신의 자비를 무
시한다는 인상을 드리지는 않았는지요. 제가 그런 비열함
과 배은망덕에 빠진 적은 일찍이 없었기를, 앞으로도 그
런 일은 절대 없기를 바랍니다. 신의 풍성한 자비를 얻기
위해 제게는 어떤 소망도 약속도 필요치 않습니다. 확실
한 경험을 통해 그 풍성함을 알고 또 직접 접한 바도 있으

니까요. 직접적인 접촉을 통해 알게 된 그것은 저의 이해력과 감사의 능력을 완전히 넘어서는 것이어서, 미래에 있을 지복의 약속도 제게는 더 이상의 의미를 갖지 않을 겁니다. 인간의 지성이 보기에, 두 무한의 합은 합이 아닌 것과 같은 이치예요.

신의 자비는 기쁨에서 그렇듯 불행에서도 똑같이, 어쩌면 그 이상으로 드러나 보입니다. 신의 자비이기에 인간의 자비와는 전혀 닮지 않았거든요. 인간의 자비는 오로지 기쁨의 선사에서 드러나거나, 아니면 육신의 치유나 교육 같은 외적인 결과물을 위해 가해진 고통에서만 드러납니다. 그러나 신의 자비를 증명하는 것은 불행의 외적인 결과물이 아닙니다. 진정한 불행의 외적인 결과물은 대부분 부정적이에요. 그 사실을 은폐하려 한다면 거짓말을 하는 셈이지요. 실제로 신의 자비가 빛을 발하는 건 바로 그 불행 안에서입니다. 그 맨 밑바닥에서, 위로받을 길 없는 쓰라림 한복판에서입니다. 우리가 사랑 속에서 인내하며, 영혼이 "나의 하느님, 왜 나를 버리셨나요?"라는 외침을 더는 억누를 수 없는 지점까지 추락한다면, 그리고 이 지점에 이르러서도 계속 사랑하기를 멈추지 않는다면, 마침내 우리는 더 이상 불행도 기쁨도 아닌 무언가에 닿게 됩니다. 기쁨과 고통의 공통 요소로서, 감지되지 않는 무엇이며 순수하고도 핵심적인 본질, 바로 신의 사랑이지요.

그리하여 우리는 알게 됩니다. 기쁨은 신의 사랑을 접했을 때의 감미로움이며, 불행은 이 접촉이 고통스러운 경우에 바로 그로 말미암은 상처라는 걸 말입니다. 오로지 접촉 자체가 중요할 뿐, 그 방식은 중요하지 않다는 것도요.

그렇습니다. 우리가 오랫동안 부재했던 몹시 소중한 존재를 다시 보게 된다면, 그와 나누는 말들이 중요한 게 아니라 그의 존재를 확인시켜 주는 목소리만이 중요하지요.

신의 이 현존을 깨닫는다고 위로가 되는 건 아니에요. 불행의 끔찍한 쓰라림이 제거되는 것도, 훼손된 영혼이 치유되는 것도 아닙니다. 그래도 우리는 우리를 향한 신의 사랑이 이 쓰라림과 훼손의 실체라는 걸 확실히 알게 됩니다.

감사의 뜻으로, 저는 그 증거를 남길 수 있기를 바랍니다.

『일리아스』를 쓴 시인은 그럴 수 있을 만큼 충분히 신을 사랑했습니다. 그거야말로 이 시의 함축적 의미이자 그 아름다움의 유일한 원천입니다. 사람들이 거의 깨닫지 못한 사실이긴 해요.

우리에겐 이 세상에서의 삶밖에 없다 해도, 죽음의 순간이 우리에게 새로운 아무것도 가져다주지 않는다 해도, 무한히 넘치는 신의 자비가 온전한 모습으로 이미 이곳에 은밀히 존재합니다.

터무니없는 가정이긴 해도, 제가 심각한 잘못을 저지른 적이 없음에도 죽어서 지옥 밑바닥으로 떨어진다 해도, 저는 이 땅에서의 삶을 허락하신 신의 무한한 자비에 무한한 감사를 바칠 겁니다. 제가 아무리 실패작이라 한들 말이에요. 그런 가정을 할지라도 신께서 내리시는 풍성한 자비 가운데 제 몫을 받았다고 생각하겠지요. 이 세상에서 이미 우리는 신을 사랑하고 마음속에 또렷이 그려 볼 수 있는 능력을 부여받았으니까요. 영원하고 완전하며 무한한, 실재하는 기쁨이 그 실체이신 분으로 말이죠. 육체라는 베일을 통해, 신으로부터 우리는 이 문제에 대해 일체의 의심을 지워 버리기에 충분한 영원의 예감을 받습니다.

더 이상 무얼 요구하고 무얼 갈구하겠습니까? 아들이 기쁨 속에 있음을 확신하는 어머니, 연인이 기쁨 속에 있음을 확신하는 여인이라면 다른 무언가를 요구하거나 갈구하겠다는 생각을 품지는 않을 겁니다. 그런데 우리는 훨씬 많은 걸 가지고 있습니다. 우리가 사랑하는 건 완전한 기쁨 그 자체니까요. 이 사실을 알고 있으면 소망조차 쓸모없으며 무의미해집니다. 소망할 무언가가 남아 있다면,

이 세상에서 불순종하지 않을 은총뿐이겠지요. 나머지는 신의 소관이며 우리와는 상관이 없습니다.

끊임없이 이어진 너무 긴 고통으로 상상력이 훼손되었기에 제가 구원을 가능한 무언가로 받아들이지 못할지라도, 제게 부족함이 전혀 없는 것도 그 때문입니다. 이 문제에 대해 신부님께서 제게 하시는 말씀도, 저에 대한 신부님의 어떤 진심 어린 우정을 확인시켜 줄 뿐 제게 다른 효력을 미치지는 못합니다. 그런 면에서 신부님의 편지가 제게는 무척이나 소중한 것이었어요. 제 안에 그 밖의 다른 영향을 미치지는 못했지만요. 사실 그럴 필요도 없는 일이었고요.

제 비참한 약점을 잘 알고 있는 저로서는 충분히 추정해 볼 수 있습니다. 약간의 불행만으로도 내 영혼은 고통으로 가득 차올라, 제가 신부님께 말씀드린 생각들이 들어설 여지가 오랫동안 남지 않게 될 수도 있다는 걸요. 그렇더라도 별 상관없습니다. 확신은 영혼의 상태에 좌우되는 게 아니니까요. 확신은 언제나 완벽히 안전한 것이죠.

이 확신에 대해 제가 전혀 알 수 없게 되는 단 한 가지 경우가 있습니다. 타인의 불행을 접했을 때예요. 저와 무관한 사람들이나 모르는 사람들도 마찬가지고 – 아마도 이 경우가 더 그럴 겁니다 - 까마득히 먼 과거의 사람들도 예외가 아닙니다. 이 접촉은 제게 끔찍한 고통을 안겨 주고 영혼을 갈가리 찢어 놓아 신에 대한 사랑이 한동안 거의 불가능해집니다. 아예 불가능하다고 말해야 할지도 모르겠어요. 제 자신이 걱정될 지경이지요. 그러다 그리스도께서 예루살렘이 파괴당하는 참상을 예견하고 눈물을 흘리신 걸 떠올리면서 다소 안정을 되찾습니다. 그리스도께서 이 연민을 용서해 주시기를 바랍니다.

제가 세례를 받는 날이 신부님께 큰 기쁨이 될 거라 쓰신 글을 읽으며 마음이 괴로웠답니다. 신부님께 참으로 많은 걸 받은 제가 그런 식으로 기쁨을 드릴 수도 있는 상황이건만, 단 한 순간도 그렇게 하겠다는 생각이 떠오른 적이 없으니까요. 저로서도 어쩔 수 없네요. 신부님께 그 기쁨을 드리지 못하도록 제게 힘을 행사할 수 있는 건 오로지 신뿐이라 믿습니다.

그저 순전히 인간적인 차원의 관계만을 따지더라도 신부님께 무한한 감사를 느낍니다. 저의 우정을 빌미로 제게 쉽사리 고통을 줄 수 있는 힘을 얻게 된 사람들 모두가, 신부님을 제외하곤 간혹 그런 일을 저지르며 즐겼거든요. 자주 그랬든 가끔씩 그랬든, 고의였든 무의식적이었든, 그들 모두가 때때로 그렇게 했습니다. 그것이 고의였음을

제가 깨달은 순간이면, 저는 상대에게 알리지도 않고 단
칼에 우정을 끊어 버렸지요.

그들이 악의가 있어 그렇게 한 건 아니었어요. 다친 암탉
을 보면 곁에 있는 다른 암탉들이 부리로 쪼며 달려드는,
익히 알려진 현상인 거지요.

모든 인간 안에는 이런 동물의 본성이 자리합니다. 이 본
성이 같은 인간에 대한 태도를 결정짓고요. 알고 그러든
모르고 그러든, 스스로의 동의하에 일어나는 일이든 아니
든 말입니다. 그렇게 때로 아무 생각 없이, 한 인간 안에
자리한 동물적 본성이 타인의 훼손된 동물적 본성을 감지
하고 그에 따라 반응하는 거죠. 상상할 수 있는 모든 상황
과 그에 상응하는 동물적 반응에 대해서도 같은 말을 할
수 있지요. 이런 기계적인 필연성이 매 순간 모든 인간을
지배합니다. 오로지 영혼 안에 자리한 진정한 초자연성의
비중에 따라 그들은 이 필연성을 모면할 뿐이지요.

이 문제에 있어서는 부분적인 식별조차 매우 어렵습니다.
그럼에도 그 식별이 완전히 가능하다면, 우리는 한 사람
의 삶 안의 초자연적인 부분을 판단하는 기준을 갖게 되
는 셈이에요. 저울처럼 정확하고 확실한 기준, 모든 종교
적 신앙과는 완전히 별개인 기준입니다. 다른 많은 것들

중에서도 이거야말로 그리스도께서 "그 두 계명은 하나다"라고 말씀하시며 가리켜 보이신 그것입니다.

제가 그 메커니즘의 손상을 전혀 입지 않았던 건 오직 신부님 곁에 있을 때뿐이었어요. 신부님 앞에서 제 처지는 어떤 걸인의 처지와도 흡사해요. 헐벗고 늘 굶주림에 시달리는 이 걸인은 한 해 내내 때때로 어느 부잣집을 찾아가 먹을 걸 구하는데 난생처음으로 거기서 굴욕을 당하지 않은 거지요. 그런 걸인이라면 매번 빵 한 조각을 얻는 대가로 목숨 하나를 내놓는대도, 또 그 목숨들을 모조리 내놓는대도 자신의 빚은 줄어들지 않는다고 생각할 겁니다.

게다가 신부님 곁에서는 인간관계가 끊임없이 신의 빚을 담는다는 사실 때문에 저로선 전혀 다른 차원의 감사의 마음을 품게 됩니다.

그렇더라도 신부님께 무슨 감사의 마음을 표하지는 않겠습니다. 신부님께서 제게 당연히 화를 내실 만한 일들에 대해서만 말씀드릴 작정이고요. 사실 제가 그런 말씀을 드린다는 건, 아니, 그런 생각을 한다는 것마저도 전혀 당치 않은 일이긴 합니다. 제게는 그럴 권리가 없고, 저 자신도 그걸 잘 알고 있거든요.

하지만 실제로 제가 그런 생각들을 했기에, 신부님 앞에서 태연히 침묵하고 있을 수는 없습니다. 그런 생각들이 틀린 거라면 해가 될 게 없겠지요. 하지만 그 생각들이 진실을 내포하지 말라는 법도 없지요. 후자의 경우라면, 제 손에 들린 펜을 통해 신께서 신부님에게 그 진실을 전달하시는 거라 믿을 필요가 있어요. 영감을 통한 전달이 적합한 생각들이 있는가 하면, 어떤 피조물을 매개로 전달되는 것이 더 나은 생각들도 있으니까요. 신께서는 자신의 친구들에게 그 둘 중 한 가지 방법을 사용하십니다. 그 무엇이든, 예컨대 암탕나귀 한 마리도 차별 없이 매개물로 사용될 수 있음을 누구나 알지요. 그러기 위해 신께서는 아마도 가장 미천한 대상들을 즐겨 선택하시기까지 합니다. 제가 저 자신의 생각들을 두려워하지 않으려면 이런 사실을 스스로 상기할 필요가 있네요.

제 영혼의 자서전을 간략히 작성해 신부님께 드린 데는 어떤 의도가 있었습니다. 암묵적인 믿음의 구체적이고도 확실한 예를 확인할 기회를 신부님께 드리고 싶었답니다. 확실하다고 말씀드린 건, 제 말이 거짓이 아님을 신부님도 아신다고 믿어서예요.

옳건 그르건 신부님은 제가 그리스도인으로 불릴 자격이 있다고 여기시지요. 제가 유년기와 청소년기에 대해 이야기하면서 입에 올린 말들, 곧 소명이나 복종, 청빈의 정신, 순결, 수용, 이웃 사랑 혹은 유사한 다른 말들은 지금 이 순간 그것들이 제게 갖는 의미와 정확히 일치하긴 해요. 그렇더라도 제가 철저한 불가지론을 신봉하는 부모님과 오빠 손에서 자란 것도 사실이에요. 거기서 벗어나려는 노력을 조금도 기울여 본 적이 없고요. 제 생각엔 정당한 이유로 그런 욕구를 가져 본 적조차 없습니다. 그렇긴 해도 태어나서 이제까지 제가 저지른 잘못이나 결함 그 어느 것도 무지 때문은 아니었어요. '어린양'이 분노를 발하게 될 그날엔, 그 모두를 빠짐없이 보고해야 할 테지요.

그리스와 이집트, 고대 인도, 고대 중국, 세상의 아름다움. 그리고 예술과 과학 속에 담긴, 그 아름다움의 순수하고도 진정한 반영反影들. 종교적 믿음이 없는 인간의 마음 깊은 곳에서 벌어지는 드라마. 그 모두가 명백히 그리스도교적인 대상들만큼이나 저를 그리스도의 포로가 되도록 만들었다는 제 말을 믿어 주세요. 어쩌면 그것들은 후자보다 제게 더 큰 영향을 미쳤을 수도 있습니다. 가시적인 그리스도교 외부에 있는 그 모든 것에 대한 사랑이 저를 교회 밖에 붙잡아 둡니다.

이런 영적인 운명이 신부님께는 난해하게 여겨지겠지요. 하지만 바로 그렇기 때문에 그것은 성찰의 대상이 되기에 적합합니다. 자신에게서 벗어나도록 강요하는 무언가를 성찰한다는 건 좋은 일이지요. 신부님께서 어떻게 제게 모종의 우정을 품으실 수 있는지 상상하기 어렵네요. 하지만 그렇게 보이니, 이 우정 역시 그런 성찰의 용도로 사용될 수 있겠어요.

이론적으로 신부님은 암묵적인 믿음의 개념을 온전히 인정하십니다. 실제로도 이례적인 지적 성실성과 넓은 도량을 가지고 계시고요. 그렇긴 해도 제 생각엔 몹시 부족합니다. 완벽만이 충분하니까요.

옳건 그르건 저는 신부님에게서 종종 불공평한 태도를 발견한 듯싶었어요. 어떤 특정 상황에서는 암묵적인 믿음의 가능성을 인정하기 싫어하신다는 느낌을 받았거든요. 적어도 제가 신부님께 B에 대해 언급했을 때 그랬고, 특히 제가 성인^{聖人}이나 다름없다고 여기는 어느 스페인 농부에 대해 이야기했을 때도 그랬습니다. 무엇보다 제 잘못이었음이 분명하긴 해요. 제가 말주변이 없는 사람이다 보니 사랑하는 무언가에 대해 말할 때마다 어김없이 그 대상에 해를 끼치고 마니까요. 몹시 자주 겪는 일이랍니다. 그런데 불행을 당한 비신자가 그 불행을 세상 질서의 일부로 받아들이는 것과 그리스도인이 신의 뜻에 순종하는 것, 그 둘이 신부님께는 동일한 인상을 주지 않은 듯합니다.

사실은 동일한 건데 말이죠. 적어도 제게 그리스도인이라 불릴 자격이 정말로 있다면, 경험에 비추어 스토아적 미덕과 그리스도인의 미덕은 하나며 동일한 미덕임을 안다는 것이죠. 진정한 스토아적 미덕은 무엇보다 사랑이며, 일부 무식한 로마인들이 만들어 낸 캐리커처와는 다릅니다. 이론상으로는 신부님 역시 그 사실을 부정하지 못하실 듯해요. 하지만 오늘날의 구체적인 사례들에서 증명되는 스토아적 미덕의 초자연적 효력의 가능성을 신부님은 인정하려 들지 않으세요.

언젠가 신부님께서 '비非정통적'이라는 말씀을 하시려다 '틀렸다'는 단어를 썼을 때 저는 마음이 몹시 아팠습니다. 신부님도 얼른 정정을 하시긴 했죠. 제 생각엔, 그 말에 완벽한 지적 정직성과는 양립할 수 없는 용어의 혼란이 있습니다. 그런 일이 진리이신 그리스도의 마음에 들 리 없겠죠.

그러고 보면 신부님께 심각한 결함이 있는 게 확실합니다. 왜 그렇게 신부님 안에 결함이 존재하게 된 걸까요? 불완전은 신부님께 전혀 어울리지 않습니다. 그건 아름다운 노래에 끼어든 잘못된 음정 같네요.

이 결함이란 바로 지상의 조국에 그러하듯 교회에 애착

을 가지는 것이라 생각해요. 실제로 신부님께 교회는 천
상의 조국과의 연결점인 동시에 지상의 조국이기도 합니
다. 그곳에서 신부님은 인간적인 화기애애한 분위기 속
에서 지내시죠. 그런 분위기에선 일말의 애착이 거의 불
가피하고요.

이 애착이 신부님께는 십자가의 성 요한[18]이 말하는 가늘
디가는 끈인지도 모릅니다. 끊어지지 않는 한 커다란 쇠
사슬만큼이나 효율적으로 새를 지상에 붙들어 매어 두는
그런 끈이죠. 제 생각엔, 이 마지막 끈은 아무리 가늘어도
끊기가 가장 어렵습니다. 그게 끊어지면 날아올라야 하
고, 그건 무서운 일이니까요. 그래도 그건 절대적인 의무
입니다.

신의 자녀들은 우주 자체 – 그 안에 존재했었고, 존재하
며, 존재하게 될, 이성을 지닌 피조물들을 포함해 – 외에
는 이 땅에 어떤 조국도 가져서는 안 됩니다. 그 우주야말
로 우리의 사랑을 받을 자격이 있는 고향이에요.

우주보다 덜 광대한 것들 – 거기엔 '교회'도 포함되는
데 – 이 몹시 광범위할 수도 있는 여러 의무를 부과하지
만, 그것들 가운데 사랑하라는 의무는 없습니다. 적어도
저는 그렇게 믿습니다. 또 거기엔 지성과 관련된 의무도

전혀 없다고 저는 확신합니다.

우리의 사랑은 햇빛처럼 공간 전체로 확장되어야 하고, 공간 구석구석을 균등하게 비추어야 합니다. 빛이 이처럼 차별 없이 골고루 배분되듯, 우리도 하늘에 계신 아버지의 완벽에 이르도록 그리스도께서 우리에게 명하셨어요. 우리의 지성 역시 이처럼 완전한 공정성을 지녀야 합니다.

존재하는 모든 것은 신의 창조적 사랑에 의해 대등하게 그 존재가 지탱됩니다. 신의 친구들은 이 세상의 것들에 대해, 자신들의 사랑을 신의 사랑과 혼동할 정도로 그 모든 걸 사랑해야 하고요.

한 영혼이 온 우주를 골고루 채우는 어떤 사랑에 도달하면, 이 사랑은 세상이라는 알을 깨고 나오는 금빛 날개의 병아리가 됩니다. 그러고 나면 그는 우주를 안이 아닌 바깥으로부터, 곧 우리의 맏형인 신의 '지혜'가 군림하는 그곳으로부터 사랑하게 되지요. 그런 사랑은 신 안에 있는 존재들과 사물들을 사랑하는 것이 아니라, 신으로부터 온 그것들을 사랑합니다. 신 곁에 존재하는 그 사랑은 그곳에서 신의 시선과 뒤섞인 자신의 시선을 저 아래 모든 존재와 사물 위로 던집니다.

우리는 치우침 없이 포용적이어야 합니다. 즉 창조물 전체가 아니라면 창조된 그 무엇에도 끈으로 연결되어선 안 됩니다. 이 보편성이 예전의 성인들에게는, 심지어 그들 자신의 의식 속에도 함축되어 있었습니다. 한편으로는 오로지 신과 그의 모든 창조물에게로 돌아가야 할 사랑에, 다른 한편으로는 우주보다 작은 만물을 향한 의무에, 그들은 은연중 마음속에서 공정한 몫을 배분할 수 있었죠. 아시시의 성 프란체스코, 십자가의 성 요한이 그랬다고 생각해요. 두 사람 다 시인이기도 했고요.

이웃을 사랑해야 한다는 건 사실입니다. 하지만 그리스도께서 이 계명을 설명하면서 주신 예에서 이웃이란 정신을 잃은 채 피 흘리며 길 위에 쓰러져 있는 헐벗은 존재이며, 우리는 그에 대해 아무것도 알지 못합니다. 그것은 완전한 익명의 사랑이며, 그렇기 때문에 완전히 보편적입니다.

그리스도께서 제자들에게 "서로 사랑하라"고 말씀하신 것도 사실입니다. 여기서 그가 말씀하시려는 건 우정이라 생각합니다. 그의 친구 하나하나를 서로 연결 짓는 두 존재 사이의 개인적인 우정입니다. 오로지 보편적인 방식으로만 사랑해야 하는 의무에 대한 단 하나 정당한 예외가 바로 우정이지요. 마찬가지로 제 생각인데, 우정은 요컨대 거리를 두는 초연함의 치밀한 싸개로 싸여 있을 때만 진정으로 순수합니다.

우리는 완전히 전례가 없는 시대에 살고 있고, 현재의 상황이라면 과거엔 암묵적이었을 보편성이 이제는 철저히 명시적일 수밖에 없습니다. 보편성이 언어와 삶의 모든 방식을 지배해야 합니다.

오늘날엔 성인聖人이라는 것 또한 전혀 의미가 없습니다. 현시대가 요구하는 성스러움, 어떤 새로운 성스러움이 필요하며, 이 또한 전례가 없는 일입니다.

마리탱[19]도 그런 말을 했지요. 하지만 그는 오늘날엔 적어도 한시적으로 폐기된, 과거가 지닌 성스러움의 면모들을 나열했을 뿐입니다. 오늘날의 성스러움은 그에 반해 얼마나 경이로운 새로움을 담고 있어야 하는지를 그는 감지하지 못했던 거지요.

새로운 형태의 성스러움이란 어떤 용솟음이며 발명입니다. 그것은 만물이 조화를 이루며 제자리에 머물도록 하면서 인간의 운명과 우주에 대해 열어 보이는 새로운 계시와도 유사한 것입니다. 지금까지 두터운 먼지 층에 가려져 있던 상당량의 진실과 아름다움을 드러내 보이는 것이고요. 그러려면 아르키메데스가 기계학과 물리학을 발명하는 데 발휘한 천재성보다 더한 천재성이 필요합니다. 새로운 성스러움은 더한층 비범한 발명품입니다.

신의 친구들이 이런 천재성을 지닐 수 없게 되는 건 모종의 타락한 성향 때문입니다. 그리스도의 이름으로 그들의 성부께 청하기만 하면 그 천재성을 넘치도록 받을 수 있을 테니까요.

필요한 청이기에, 적어도 오늘날엔 정당한 요구라 하겠습니다. 이런저런 유사한 형태로 지금 당장 해야 할 첫 번째 요구이고요. 굶주린 아이가 빵을 달라고 하듯, 매일 매 순간 해야 할 요구이지요. 흑사병이 나도는 도시에 의사가 필요하듯, 세상은 천재성을 지닌 성인을 필요로 합니다. 필요가 있는 곳엔 의무가 있는 법이에요.

이런 생각들을 비롯해 그에 따르는 머릿속 생각들을 저 자신은 전혀 사용하지 못하고 있네요. 무엇보다 제가 비겁하게도 제 안에 머무르도록 방치해 둔 엄청난 결함 탓에, 저는 이 생각들을 적용할 수 있는 지점에서 너무 멀리 떨어져 나왔어요. 저로선 용서할 수 없는 일이에요. 이렇게나 먼 거리는, 최선의 경우라도 시간이 지나야만 극복될 수 있습니다.

하지만 제가 이미 그 거리를 극복했다손 쳐도, 저는 썩은 도구입니다. 너무 지쳐 있으니까요. 제 안에 있는 훼손된 본성을 신께서 고쳐 주실 수 있음을 믿는다 해도, 그렇게 청할 결심이 서지 않습니다. 원한 바를 얻을 수 있음을 확신할지언정 청할 수가 없네요. 그런 요구는 제게 불행이라는 선물을 주신 한없이 상냥한 '사랑'의 신께 짓는 죄처럼 여겨질 테니까요.

저처럼 부족한 인간 안에 웬일인지 자리 잡은 이 생각들에 아무도 귀 기울이려 하지 않는다면 그것들은 저와 함께 묻히겠지요. 그건 유감스러운 일일 거예요. 그래도 그것들이 제가 믿는 것처럼 진실을 담고 있다면 말이죠. 제가 그 생각들에 해를 끼치는 겁니다. 그것들이 제 안에 있다는 사실 때문에 사람들이 주의를 기울이지 못하는 거니까요.

이 생각들에 주의를 기울여 달라고 제가 호소할 수 있는 분은 신부님뿐입니다. 신부님께서 제게 넘치도록 베푸신 자애가 제게서 돌아서서 제 안에 있는 그것으로 향했으면 합니다. 저 자신보다 훨씬 낫다고 믿고 싶은 바로 그것으로 말이죠.

제 안으로 내려온 생각들이 제 부족함과 비참함에 전염되어 사형 선고를 받을지도 모른다는 걱정도 제게는 큰 고통입니다. 열매를 맺지 못하는 무화과나무[20] 이야기를 읽을 때마다 전율을 느낍니다. 꼭 제 모습 같거든요. 무화과나무 역시 본성이 무기력했을 뿐이지만, 그렇다고 용서받지는 못했습니다. 그리스도께서 그걸 저주하셨으니까요.

제가 신부님께 고백한 것 외에는 이제까지 살면서 정말로 심각한 죄를 저지른 적은 없다 하더라도, 그래도 이성적이고도 냉정한 시선으로 바라보면 수많은 중범죄자들보다 신의 진노를 두려워할 정당한 이유가 더 많습니다.

제가 그 진노를 실제로 두려워한다는 말은 아니에요. 묘한 반전으로 인해, 신의 진노에 대한 생각은 제 안에 사랑을 불러일으킬 따름입니다. 은혜와 자비에 대한 생각이야말로 오히려 제게 모종의 두려움을 야기하고 저를 떨게 만듭니다.

그러나 그리스도께서 보시기에 제가 열매를 맺지 못하는 무화과나무 같은 존재라는 느낌은 제 가슴을 찢어 놓습니다.

다행히 신께서는 그를 섬길 수 있는 때 묻지 않은 존재 안에 다른 이들과 같은 생각들뿐 아니라(그것들이 좋은 생각

들이라면) 훨씬 나은 수많은 다른 생각들을 섭사리 보내
주실 수 있습니다.

그러니 제 안에 있는 생각들이 부분적으로 어떤 식으로든
신부님께 쓰이지 말라는 법이 있을까요? 제게 조금이라도
진정한 우정을 지닌 이에게만 털어놓을 수 있는 생각들이
에요. 어찌 보면 다른 이들에겐 제가 존재하지 않으니까
요. 일부 곤충들처럼 저는 낙엽 색깔을 띠고 있거든요.

제가 방금 써 내려온 내용 가운데 신부님 보시기에 잘못
됐거나 부적절한 점이 있더라도 용서해 주세요. 제게 화
가 나지 않으셨으면 해요.

앞으로 몇 주 혹은 몇 달 동안 제가 신부님께 소식을 전하
거나 신부님 소식을 받을 수 있을지 모르겠네요. 하지만
이처럼 떨어져 있는 건 제게만 고통이니 그 역시 별거 아
닙니다.

신부님께 자식 같은 감사의 마음과 한없는 우정을 또 한
번 전할 뿐입니다.

시몬 베유

EXPOSÉS

에세이

신을 향한 사랑을 위해
학업을 선용하는 것에 대한 고찰

학업에 대한 그리스도교적 이해의 열쇠가 있다면, 기도는
주의력으로 이루어진다는 사실이다. 기도는 영혼이 기울
일 수 있는 주의력을 모조리 신께로 향하게 만든다. 기도
의 질은 주의력의 질에 크게 좌우된다. 뜨거운 마음이 그
것을 대신할 수는 없다.

고도의 주의력이 가능한 부분만이 신과 접촉하게 되는데,
그런 접촉이 일어나려면 기도가 몹시 순수하고 강렬해야
한다. 어쨌거나 모든 주의력은 신을 지향한다.

학습은 물론 좀 더 낮은 차원의 주의력을 발달시킨다. 그
렇긴 해도 기도의 순간 발휘될 주의력을 키우는 데 더없

이 효과적이다. 학습이 이 목적으로, 오로지 이 목적으로 활용된다는 조건하에서 말이다.

오늘날엔 사람들이 깨닫지 못하는 듯해도, 주의력의 형성 이야말로 학업의 진정한 목표이자 거의 유일한 이득이다. 대부분의 학습에는 모종의 내재된 이득이 있지만, 이런 이득은 부차적인 것이다. 주의력의 도움을 정말로 필요로 하는 모든 학습은, 같은 이유로 거의 동일하게 흥미롭다.

신을 사랑하는 고등학생이나 대학생은 "난 수학을 좋아해", "난 프랑스어를 좋아해", "난 그리스어를 좋아해"라고 말해서는 절대 안 된다. 그 모두를 좋아할 줄 알아야 한다. 그 모두가, 신을 지향할 경우 기도의 본질 자체기도 한 주의력을 향상시키기 때문이다.

기하학에 소질도 취미도 없다 할지라도 그것이 어떤 문제를 탐구하고 어떤 논증을 연구함으로써 주의력을 발달시키는 데 지장이 되지는 않으며 오히려 정반대다. 거의 유리한 상황이 되어 줄 수도 있다.

문제를 해결하고 논증을 이해하기 위해 진지하게 노력해야겠지만, 성공 여부는 그리 중요하지 않다. 진정으로 주의를 쏟았다면 여하한 경우에도 그 노력은 헛되지 않은 것이다. 그 노력은 영적으로 온전한 효용성을 지니며, 덩달아 지성이라는 더 낮은 차원에서도 효과를 발휘한다. 모든 영적인 빛은 지성을 밝혀 주기 때문이다.

우리가 정말로 주의를 기울여 어떤 기하학 문제를 풀려고 하지만 한 시간이 지나고도 처음보다 나아진 게 없다고 치자. 그래도 우리는 그사이 시시각각 한층 신비로운 다른 차원으로 나아간 셈이다. 우리가 미처 느끼지도 알지도 못한 사이, 성과 없는 이 헛된 노력이 영혼 안에 보다 밝은 빛을 던져 놓은 것이다. 그 노력은 훗날 기도의 순간 그 열매를 맺을 것이다. 어쩌면 수학과는 전혀 상관없는 지성의 어떤 영역에서도 더불어 열매를 맺게 될 것이 분명하다. 이 헛된 노력을 기울인 사람은 그 노력 덕택에 언젠가 라신의 한 시구가 지닌 아름다움을 더 생생하게 포착할 수 있을지 모른다. 그리고 그 노력의 결실은 기도에서 찾아질 것이다. 의심의 여지가 없는 확실한 사실이다.

이런 유의 확신은 경험을 통해 도출된다. 그러나 경험에 앞서 그 사실을 믿지 않으면, 적어도 믿는 것처럼 행동하지 않으면, 그 확신에 다가갈 수 있는 경험을 절대로 하지 못할 것이다. 여기에 일종의 모순이 존재한다. 영적인 발전에 유용한 모든 지식은 일정 수준에 달한 순간 그런 모순 상태에 놓인다. 우리가 그 지식들을 입증하기에 앞서 행동 방침으로 삼지 않는다면, 오로지 믿음으로(처음엔 칠흑같이 어두운 믿음으로) 오랫동안 그것들에 매어 있지 않는다면, 그 지식들은 절대로 확신으로 변할 수 없을 것이다. 믿음은 필수적인 조건이다.

'아버지'께서는 우리가 빵을 달라고 하는데 돌을 주시지는 않는다는 보장[1]이야말로 믿음을 떠받쳐 주는 최고의 버팀목이다. 명시적인 어떤 종교적 믿음과도 상관없이, 누군가가 진리를 파악하는 능력에 좀 더 다가서고 싶다는 유일한 소망으로 주의를 기울인다면 그는 이 능력의 발전을 이루게 된다. 설령 그의 노력이 가시적인 열매를 전혀 맺지 못했을지라도 그렇다. 에스키모의 한 우화도 빛의 기원을 그런 식으로 설명한다. "영원의 밤에 먹이를 찾지 못한 까마귀가 빛을 갈망했나니, 그러자 땅이 환해졌다." 정말로 갈망이 존재한다면, 갈망의 대상이 정말로 빛이라면, 빛에 대한 그 갈망은 빛을 낳는다. 주의를 기울이려 애쓴다는 건 진정으로 갈망한다는 말이다. 다른 동기가 일절 부재할 경우, 우리가 갈망하는 것은 정말로 빛이다. 주의를 기울이는 노력이 수년간 헛수고처럼 보일 때조차 언젠가는 정확히 이 노력만큼의 빛이 영혼을 적실 것이다. 각각의 노력은 세상 무엇도 빼앗을 수 없는 보물 창고에 황금을 조금씩 보태는 일이다. 아르스의 신부[2]가 라틴어를 배우는 데 보낸 길고 고통스러운 세월 동안 헛되이

쏟은 노력은, 그가 고해자들의 말과 심지어 침묵 뒤에 가려진 영혼까지 알아보게 만드는 놀라운 분별력이라는 열매를 맺은 것이다.

그러므로 좋은 점수를 받는다든지 시험에 합격한다든지, 학업적인 성취를 이루겠다는 생각이 전혀 없이 공부해야 한다. 취미나 타고난 소질과도 상관없이 모든 학습에 골고루 전념하면서, 그것들이 기도의 본질인 이 주의력 형성에 도움이 된다는 생각을 해야 한다. 그리고 학습에 임하는 순간에는 제대로 해내겠다고 마음먹어야 한다. 진정한 노력을 기울이려면 이런 의지가 꼭 필요하다. 이처럼 지금 당장의 목표를 매개 삼아, 근본적인 목적은 오로지 기도를 위한 주의력의 함양을 지향하며 설정되어야 한다. 우리가 글씨를 쓸 때 종이 위에 그려진 철자들은 그 형태 자체가 목적이 아니라 그것이 표현하는 생각이 목적인 것과도 같다. 학업에서는 다른 모든 목적을 배제한 그 목적만이 학업의 영적 활용을 위한 첫 번째 조건이다.

두 번째 조건은, 그르친 과제 하나하나를 마주해 오랫동안 주의 깊게 숙고하는 것이다. 그렇게 보잘것없는 자신의 추한 모습을 온전히 인식하면서 어떤 변명도 구하지 않아야 하며, 오류와 교수의 정정을 하나도 소홀히 하지 않고 오류가 어디에서 시작되었는지 따져 보아야 한다.

그런데 정반대로 우리는 정정된 내용이 언짢으면 대충 훑어본 뒤 얼른 숨기려는 유혹을 받기 십상이다. 거의 누구나가 거의 늘 그런 식으로 행동한다. 이런 유혹을 물리쳐야 한다. 덧붙여 말하면, 학업에서 성공을 거두는 데 이보다 더 필요한 건 없다. 자신이 저지른 오류와 교수의 정정에 주의를 기울이기 싫어한다면, 우린 아무리 노력해 봐야 별 진전 없이 공부하는 셈이 되기 때문이다.

특히 학업에서의 모든 성과보다 한없이 귀중한 보물인 겸손의 미덕이 그렇게 얻어진다. 이런 관점에서 보면 자신의 어리석음을 숙고하는 것이 죄를 숙고하는 것보다 어쩌면 더 유용할 수도 있다. 죄의식은 우리가 악하다는 느낌을 주지만, 때로 거기서 어떤 자부심이 생겨나기도 하기 때문이다. 그러나 우리가 어이없이 그르친 어떤 과제에 눈과 영혼의 시선을 고정시키지 않을 수 없을 때면, 우리는 스스로가 보잘것없는 무엇임을 명백히 느끼지 않을 수 없게 된다. 그런데 이보다 더 바람직한 깨달음은 없다. 우리가 온 영혼으로 이 진리를 깨닫는다면, 우리는 참된 길로 확고히 들어선 셈이다.

이 두 가지 조건이 완벽히 충족된다면, 학업은 분명 다른 무엇 못지않게 성스러움으로 향하는 길이 된다.

두 번째 조건을 충족시키려면 그것을 바라기만 하면 된다. 첫 번째 조건은 사정이 다르다. 참으로 주의를 기울이려면 그 방법을 알아야 한다.

우리는 주의를 기울이는 노력을 모종의 근육 운동이라 종종 착각한다. 학생들에게 "이제 주의를 기울이세요"라고 말하면, 학생들은 눈살을 찌푸리고 숨을 멈추고 근육을 긴장시킨다. 잠시 뒤에 무엇에 주의를 기울였는지 물으면 그들은 대답하지 못한다. 아무것에도 주의를 기울이지 않은 것이다. 그들은 주의를 기울인 게 아니다. 근육을 긴장시킨 것이다.

공부할 때 우리는 종종 이렇게 근육을 쓰는 노력을 한다. 그러다 피곤해지면 일을 했다는 기분이 든다. 하지만 그건 착각이다. 피로는 일과 전혀 무관하다. 일은 고되든 아니든 유용한 노력이다. 그러나 공부할 때 이렇게 근육을 쓰는 건 좋은 의도의 노력일지언정 철저히 무익하다. 지옥 길을 포장하는 그 좋은 의도들 가운데 하나인 것이다. 그런 식의 공부가 때론 학교에서 좋은 점수를 받고 시험을 잘 치르게 할 수는 있다. 하지만 그건 잘못된 노력에도 불구하고 좋은 결과를 얻은 것이거나 그저 타고난 재능 덕분인 것이다. 그런 공부는 언제나 쓸모가 없다.

필요한 경우 이를 악물고 고통을 견디게 하는 의지는 육체노동을 하는 견습생의 주요 무기다. 하지만 우리의 일상적인 믿음과는 반대로 그 의지가 공부에는 거의 쓸모가 없다. 지성은 오로지 욕구의 지배를 받는다. 욕구가 있으려면 쾌락과 기쁨이 있어야 한다. 지성은 기쁨 속에서만 자라나고 열매를 맺는다. 달리기 선수에게 호흡이 필요하듯 공부에는 배움의 기쁨이 있어야 한다. 이 기쁨이 없다면 학생도 없고, 견습이 끝나고도 직업을 갖지 못하는 견습생의 가련한 캐리커처만 존재한다.

공부에서 욕구가 맡은 역할은 영적인 삶을 준비시켜 주는 것이다. 실제로 신께로 향한 욕구야말로 영혼을 고양시킬 수 있는 유일한 힘이다. 더 정확히 말해 영혼을 붙잡아 일으켜 세우는 건 오직 신인데, 신께서 내려오시지 않을 수 없도록 만드는 건 그 욕구뿐이다. 신은 그에게 와 달라고 청하는 이들에게만 내려오신다. 자주, 오랫동안, 간절히 청하는 이들, 신은 이들에게 내려오시지 않을 수 없다.

주의를 기울이는 것은 일종의 노력인데, 어쩌면 가장 큰 노력일지 몰라도 소극적인 노력이다. 그 자체로는 피로를 수반하지 않는다. 그래도 피로가 느껴진다면, 그때 주의를 기울이는 것은 거의 불가능하다. 우리가 이미 숙련되어 있지 않다면 말이다. 그럴 땐 차라리 포기하고 휴식을 취하는 편이 낫다. 잠시 뒤에 다시 시작하는 것이다. 숨을 들이쉬고 내쉬듯 그만두었다 다시 했다 하면서.

20분 동안 강도 높은 주의력을 쏟고도 피곤하지 않은 것이, 눈살을 찌푸린 채 3시간 집중한 뒤 의무를 다했다는 기분으로 "공부를 아주 많이 했다"라고 말하는 것보다 훨씬 낫다.

하지만 보기와는 다르게 훨씬 어려운 것도 사실이다. 우리의 영혼 속에는 육신이 피로를 혐오하는 것 이상으로 진정한 주의력을 극도로 혐오하는 무언가가 있다. 육신보다도 악에 훨씬 가까운 것이 바로 이 무언가다. 우리가 정말로 주의를 기울일 때마다 우리 안의 악을 쳐부수게 되는 것도 그 때문이다. 그런 목적으로 주의를 기울인다면 15분간의 주의 집중은 수많은 선행을 행하는 것과 맞먹는다.

주의를 기울인다는 것은 사고를 멈추는 것, 사고가 텅 빈 유연한 상태가 되어 대상 속으로 침투할 수 있도록 만드는 것이다. 또한 우리가 사용해야 하는 습득된 다양한 지식들을 자체 안에 유지하는 것이다. 사고와 인접해 있어도 그보다 낮은 수준에, 사고와 접촉하지 않은 상태로 말이다. 기존에 형성된 모든 개개의 생각에 대하여 사고는 산 위에 있는 사람과 같다. 즉 앞을 바라보고 있어도 동시에 발밑에는 수많은 숲과 평원이 있음을 보지 않아도 인지하는 것이다. 사고는 무엇보다 텅 빈 상태로 기다려야 한다. 아무것도 찾아서는 안 되며, 자신의 적나라한 진실 속으로 침투하게 될 대상을 받아들일 준비가 되어 있어야 한다.

번역문의 모든 오역, 기하학 문제의 모든 엉터리 풀이, 프랑스어 작문에서 찾아지는 그 모든 서툰 문체 및 사고의 미숙한 연결, 그것들은 사고가 무언가를 향해 서둘러 돌진함으로써 충분히 무르익기 전에 채워진 까닭에 진실을 위한 준비가 되어 있지 않음에 기인한다. 원인은 늘 우리가 적극적이고 싶어 한 데 있다. 우리가 찾아 나서고자 했던 것이다. 각각의 오류마다 그 근원을 따져 보면 매번 그 사실을 확인할 수 있다. 이 확인보다 더 좋은 훈련은 없다. 그 진실은 우리가 백 번 천 번 경험하고서야 믿을 수 있는 것에 속하기 때문이다. 중요한 진실들은 모두 그렇다.

가장 귀중한 선善은 우리가 찾아야 하는 것이 아니라 기다려야 하는 것이다. 인간은 스스로의 힘으로는 그 선을 발견할 수 없다. 그것을 찾아 나서려 할 때 대신 발견하게 되는 건 거짓 선 – 인간이 그 거짓을 식별할 수는 없을 – 이다.

어떤 기하학 문제의 해결은 그 자체로서는 귀중한 선이라 할 수 없지만, 그래도 거기에는 동일한 법칙이 적용된다. 그 해결은 귀중한 선의 형상을 지녔기 때문이다. 즉 특정한 진리의 작은 파편으로서, 영원히 살아 계신 유일무이한 '진리'의 순수한 재현인 것이다. "나는 진리다"라고 언젠가 인간의 목소리로 말씀하신 그 '진리' 말이다.

그렇게 생각하면 모든 학습은 성사를 닮아 있다.

각각의 학습에는 진리를 구하지 않고 간절히 기다리는 특별한 방식이 있다. 즉 기하학 문제를 다룰 때 그 풀이를 구하지 않고 전제 조건들에 주의를 기울인다든지, 라틴어나 그리스어 텍스트에서 의미를 구하지 않고 그저 그 단어들에 주의를 집중하는 것. 글을 쓸 때는 적절한 단어가 펜 밑에서 저절로 떠올라 그저 부족한 단어들을 밀쳐 내기를 기다리는 것.

초등학생이든 대학생이든 그들에 대한 첫 번째 의무는 그들에게 이런 방식을 인지시키는 것이다. 대략적으로뿐 아니라, 매 학습과 관련된 세부적인 형태로 말이다. 이는 그들을 가르치는 교사들의 의무일 뿐 아니라 영적 지도자들의 의무이기도 하다. 각각의 학습에서 지성이 견지하는 태도와, 기름을 가득 채운 등불을 들고 신뢰하고 욕구하며 신랑을 기다리는 영혼의 상태, 그 둘 사이의 유사성을 영적 지도자들은 명확히 설명해 주어야 한다. 애정이 깊은 젊은이라면 라틴어 번역을 하는 동안, 잔치에 가 있던 주인이 돌아와 문을 두드리면 즉시 열어 주기 위해 문 곁에 서서 잠도 안 자고 귀 기울이는 노예를 닮고 싶어 해야 한다. 자신이 정말로 그 노예가 되는 순간에 좀 더 접근하기를 바라야 하는 것이다. 그러면 주인이 그 노예를 식탁에 앉히고 직접 식사 시중을 들 것이다.

이 기다림, 이 주의 집중이야말로 주인으로 하여금 그런 엄청난 친절을 보이지 않을 수 없게 만든다. 그러나 들판에서 일하는 노예가 피로에 지친 모습이면 이번엔 주인이 그에게 "내 식사를 준비하고 시중을 들라"고 말한다. 주인은 그를 그저 명령받은 것만 행하는 쓸모없는 노예로 취급한다. 행동의 영역에서는 그 어떤 노력이나 피로, 고통의 대가를 치르더라도 명령받은 것은 모두 이행해야 함이 당연하다. 순종하지 않는 자는 사랑하지 않는 자이기 때문이다. 하지만 그렇게 하더라도 우린 쓸모없는 노예에 불과하다. 순종은 사랑의 한 조건이지만 그것만으로는 충분치 않기 때문이다. 주인으로 하여금 자신의 노예의 노예가 되게 하고 그 노예를 사랑하도록 만드는 건 그것과는 상관없다. 그렇다고 노예가 경솔하게 주도적으로 무언가를 찾아 나서야 하는 건 더더욱 아니다. 잠도 자지 않고 주의를 기울이는 것, 그것이 전부다.

그러므로 청소년기와 젊은 시절을 이 주의력을 형성하는 데 보낸 사람은 행운이다. 들이나 공장에서 일하는 형제들보다 그들이 선에 더 가깝다는 건 분명 아니다. 다른 의미에서 그들은 선에 가깝다. 가난, 사회적 존경의 부재, 길고 느린 고통의 밑바닥에 자리하는 비길 데 없는 어떤 맛으로 인해 농부와 노동자들은 신 가까이 있다. 그러나 일 자체를 생각하면, 공부는 주의력을 핵심으로 삼기에 신께 한층 다가서 있다. 수년간 공부하면서도 내면에 이 주의력을 발전시킬 수 없었던 사람은 큰 보화를 잃은 셈이다.

신에 대한 사랑만이 주의력을 골자로 삼는 건 아니다. 우리가 동일한 사랑으로 알고 있는 이웃에 대한 사랑 역시 그 골자는 같다. 불행한 이들에게 필요한 건 오로지 이 세상에서 그들에게 주의를 기울여 줄 수 있는 사람들이다. 어떤 불행한 이에게 주의를 돌릴 수 있는 능력은 몹시 드물고도 어려운 무엇이다. 기적에 가까운 것, 아니, 기적이다. 이 능력을 가졌다고 믿는 이들 대다수가 실은 그렇지 않다. 온정과 열의, 연민만으로는 충분치 않다.

성배에 관한 첫 번째 전설에 따르면, 축성된 면병의 효능을 발휘해 모든 굶주림을 채워 주는 기적의 돌인 성배는 이 돌을 지키는 자, 곧 심각한 부상으로 온몸이 거의 마비된 왕에게 "네 괴로움은 무엇이냐?"고 맨 처음 묻는 자의 것이다.

이웃에 대한 완전한 사랑은 그저 상대에게 "네 괴로움은 무엇이냐?"고 물을 수 있는 것이다. 그 불행한 사람이 존재함을 아는 것이다. 집단의 일원 혹은 '불행하다'는 꼬리표가 붙은 사회적 범주의 한 실례로서가 아닌 인간으로서, 우리와 꼭 닮은 인간으로서, 어느 날 갑작스러운 불행이 덮쳐 모방 불가능한 낙인이 찍혀 버린 인간으로서 말이다. 그러려면 없어선 안 되는 어떤 시선을 그에게 던질 수 있는 것으로 족하다.

그 시선이란 무엇보다 주의 깊은 시선이다. 거기선 스스로를 몽땅 비워 낸 영혼이 자신이 바라보는 존재를 있는 그대로, 본디 모습 그대로 자신 안에 받아들인다. 주의를 기울일 수 있는 사람만이 그 일을 해낼 수 있다.

우리가 어떤 라틴어 번역이나 기하학 문제를 해결하지 못했을지라도 거기에 모종의 적절한 노력을 기울였다고 치자. 이 노력은, 역설적으로 보일지 몰라도, 언젠가 나중에 기회가 생겼을 때 유용하게 쓰일 수 있다. 즉 누군가가 엄청난 불행을 겪는 순간 이 불행한 사람을 구하는 데 필요한 도움을 더 잘 베풀 수 있도록 해주는 것이다.

이 진리를 파악할 능력이 있고 다른 무엇보다 이 열매를 갈망할 만큼 고결한 청년이라면, 일체의 종교적 신념을 떠나 공부는 영적 효능을 한껏 발휘할 것이다.

학업은 진주가 묻힌 그 밭들 중 하나여서, 재산을 몽땅 털어 빈털터리가 되더라도 살 만한 가치가 있는 것이다.

신을 향한 사랑과 불행

고통의 영역에서 불행은 다른 무엇으로도 환원될 수 없는 특수하고도 독자적인 무엇이다. 단순한 고통과는 전혀 다른 것이다. 그것은 영혼을 강탈해 깊은 흔적을 남긴다. 그 자신만의 흔적, 노예의 흔적이다. 고대 로마에서 행해진 노예 제도는 그저 불행의 극단적인 형태다. 이 문제를 제대로 이해하고 있었던 고대인들은 "인간은 노예가 되는 순간 영혼의 절반을 잃는다"라고 말했다.

불행은 육신의 고통과 따로 떼어 생각할 수 없지만, 그것과는 완전히 별개의 것이기도 하다. 신체적 통증 및 그 유사한 무엇과 관련되지 않은 고통은 모두 상상으로 말미암은 인위적인 것이기에 생각을 적절히 정리하면 사라질 수 있다. 그런데 사랑하는 존재의 부재나 죽음 앞에서 느끼는 돌이킬 수 없는 슬픔의 부분은 신체적 통증과도 같아서, 우리는 숨쉬기가 곤란해지고 심장이 조여 오며 채워지지 않는 욕구와 굶주림에 시달리게 된다. 이제까지 애착에 이끌리다가 방향을 잃게 된 에너지가 갑자기 해방됨으로써 야기되는 생물학적 혼란과도 흡사한 것이다. 그런 완강한 핵을 중심으로 뭉쳐지지 않은 슬픔은 그저 낭만적 감정이나 허구에 지나지 않는다. 굴욕 또한 육신을 지닌 존재가 온몸으로 겪는 폭력적인 상태다. 모욕을 당하고 덤벼들려던 이 사람은 두려움과 무능에 저지당해 참아야하는 것이다.

반대로 단순한 신체적 통증은 정말로 별것 아니어서 영혼에 어떤 자국도 남기지 않는다. 치통이 그 한 예이다. 썩은 이 하나로 인한 몇 시간의 격렬한 통증은 일단 지나가버리면 그만이다.

그러나 어떤 신체적 고통이 몹시 길고 자주 되풀이되는 경우라면 문제가 달라진다. 그런 고통은 흔히 어떤 특정한 고통과는 별개의 것이다. 그런 고통은 어떤 불행이기 십상이다.

불행은 삶의 뿌리가 뽑히는 것으로서, 어느 정도 가벼운 죽음이라고도 할 만하다. 그것은 당면한 육신의 고통을 두려워하거나 이미 당함으로써 영혼에 완강하게 현존하게 된다. 육신의 고통이 완전히 부재한다면 영혼의 불행은 없다. 생각이 다른 아무 대상으로나 향하기 때문이다. 짐승이 죽음을 피해 달아나듯, 생각은 신속하고도 불가항력적으로 불행을 피해 달아난다. 이 세상에서 생각을 얽어매는 속성을 지닌 것은 육신의 고통밖에 없다. 뭐라 표현하기 어려운, 그러나 육신의 고통과 꼭 닮은 일부 신체 현상들마저 육신의 고통으로 본다면 말이다. 특히 육신의 고통에 대한 공포가 바로 그런 것이다.

미약한 고통일지언정 육신의 고통을 당해 생각이 불행의 현존을 인정하지 않을 수 없을 때는, 사형수가 자신의 목을 자를 단두대를 몇 시간이고 바라봐야 할 때처럼 난폭한 상황이 벌어진다. 인간은 이런 난폭한 상황에서 20년, 50년을 살 수도 있다. 우리는 그들 곁을 지나치면서도 깨닫지 못하는 것이다. 우리의 눈을 통해 그리스도 자신이 바라보지 않는다면 누가 그들을 알아볼 수 있을까? 우리는 그들이 간혹 이상한 행동을 한다는 걸 눈치채고 그 행동을 비난할 뿐이다.

한 생명을 붙잡아 뿌리 뽑은 사건이 직접적 혹은 간접적으로 그 사회적·심리적·신체적인 모든 삶을 침범했을 때만 정말로 불행이 존재한다. 사회적 요인은 본질적인 것이다. 어떤 형태로든 사회적인 실추나 그런 실추에 대한 공포가 없다면 진정한 불행도 없다.

불행과 모든 슬픔 - 그 슬픔이 몹시 깊고 격렬할지라도 엄밀한 의미에서의 불행과는 다르다 - 사이에는 물의 비등점과도 같은, 연속성과 동시에 분리를 의미하는 임계점이 있다. 일정한 한계를 넘어서면 불행이 존재하지만 그 이하는 불행이라 할 수 없다. 그러나 이 한계가 온전히 객관성을 띠지는 않으며, 온갖 종류의 개인적인 요인들이 끼어든다. 같은 사건이라도 어떤 사람은 불행에 빠트리고 다른 사람은 그렇게 하지 못하는 것이다.

인생의 큰 수수께끼는 고통이 아니라 불행이다. 무구한 사람이 죽임당하고, 고문당하고, 국외로 추방되고, 비참한 노예 상태로 전락하고, 수용소나 독방에 감금당한다 해도 놀랄 일이 아니다. 그런 일을 저지르는 범죄자들이 있는 법이니 말이다. 또 병이 긴 고통을 야기해 생명을 마비시키고 죽은 것이나 다름없는 상태에 놓이게 하는 것도 놀라운 일이 아니다. 자연은 기계적 필연성의 맹목적인 작용에 순응하기 마련이다. 그러나 불행이 무구한 이들의 영혼을 낚아채 왕처럼 지배할 수 있도록 신께서 허락하셨다는 건 놀라운 일이다. 불행의 낙인이 찍힌 자라면 최선의 경우에도 영혼의 절반밖에 지켜 내지 못할 것이다.

이런 운명의 타격을 받고 반쯤 짓밟힌 벌레처럼 땅 위에서 버둥대는 사람들은 자신들이 겪는 일을 표현할 말을 찾지 못한다. 그들이 만나는 사람들 가운데 엄밀한 의미에서 불행을 접해 본 적 없는 이들은, 설령 많은 고통을 겪었을지라도 그게 무언지 전혀 이해하지 못한다. 귀가 안 들리고 말을 못 하는 사람에게 소리가 무언지 전혀 이해시킬 수 없는 것처럼, 그건 다른 무엇으로도 환원될 수 없는 특수한 무엇인 것이다. 불행에 의해 훼손된 이들 자신은 누군가에게 도움을 줄 수 있는 상태가 아니며, 그런 일을 거의 바랄 수조차 없다. 그러므로 불행한 이들에게 연민을 갖기란 불가능하다. 그럼에도 정말로 연민이 가능해진다면, 그건 물 위를 걷거나 병자를 고치거나 죽은 자가 부활하는 것보다 더 놀라운 기적이다.

불행 앞에서는 그리스도께서도 비켜 가게 해달라고 호소했고, 인간들에게서 위로를 구했으며, 자신이 아버지로부터 버림받았다고 믿지 않을 수 없었다. 불행 앞에서는 한 의인도 신께 맞서 외쳤다. 인간성의 측면에서 완벽했을 뿐 아니라 어쩌면 그 이상이었을(욥이 역사적 인물이라기보다 그리스도의 한 형상이라면) 의인이었다. "그는 무구한 이들의 불행을 비웃으신다"라는 욥의 외침은 신성모독이 아니라 고통에서 터져 나온 진정한 절규다. 욥기는 처음부터 끝까지 진실과 진정성을 담은 온전히 경이로운 작품이다. 불행과 관련해 이 본보기에서 비켜 가는 것들은 모두 어느 정도 거짓으로 오염되어 있다.

불행은 한동안 신을 부재하게 만든다. 신은 죽은 자보다 더, 칠흑 같은 지하 감옥 속의 빛보다 더 부재한다. 일종의 공포가 영혼을 온통 잠식한다. 이처럼 신이 부재하는 동안에는 사랑하는 것이 하나도 없다. 사랑하는 것이 하나도 없는 이 암흑 속에서 영혼이 사랑하기를 멈출 때 신의 부재는 결정적인 무언가가 된다는 것, 이것이 끔찍한 일이다. 그러니 영혼은 헛되이 계속 사랑해야 하며, 적어도 사랑을 계속 원해야 한다. 영혼의 극히 작은 일부라도 그래야 한다. 그렇게 되면 언젠가는 신께서 그 영혼 앞에 나타나 세상의 아름다움을 보여주실 것이다. 욥에게 그랬듯이 말이다. 그러나 영혼이 사랑하기를 멈춘다면 이미 이 세상에서 지옥에 버금가는 무언가로 떨어지고 만다.

그렇기 때문에 불행을 받아들일 준비가 되어 있지 않은 사람들을 불행에 빠지게 하는 자는 그들의 영혼을 죽이는 셈이다. 그런가 하면 우리 시대처럼 불행이 누구라도 덮칠 기세인 시대에 그 영혼들을 위한 도움의 손길은 불행에 대한 실질적인 대비까지 이루어질 때만 효력을 발휘한다. 그건 상당한 노력을 요하는 일이다.

불행은 냉담하게 만들며, 절망에 빠지게 한다. 마치 달군
쇠로 낙인을 찍듯 영혼 깊숙이 모멸과 혐오와 심지어 자
기혐오를, 죄의식이나 타락의 느낌을 심어 놓는다. 그건
범죄가 초래해야 할 감정들이지만 실제로는 그렇지 않다.
악은 범죄자의 영혼 속에 감지되지 않은 채 거주한다. 그
런데 이 악이 불행에 빠진 무구한 사람의 영혼 속에서는
감지되는 것이다. 원래는 범죄자에게 걸맞은 영혼의 상태
가 그 범죄로부터 분리되어 불행에 들러붙은 격이다. 심
지어 그 불행한 이가 무구할수록 더 그렇다.

욥이 그토록 절망적인 어조로 자신의 무죄를 외치는 건,
그 자신조차 그것을 믿을 수 없기 때문이다. 마음속에선
영혼이 그의 친구들 편을 들기 때문이다. 그가 신 자신의
증언을 구하는 건, 자신의 양심이 발하는 증언을 더 이상
들을 수 없기 때문이다. 이제 그에게 이 양심의 증언은 죽
어 버린 모호한 추억에 불과하다.

사람의 육적인 본성은 동물과 닮아 있다. 다친 암탉을 보
고 곁에 있는 다른 암탉들이 부리로 쪼며 달려드는 건 중
력만큼이나 기계적인 현상이다. 우리의 이성은 범죄에 대
고 경멸과 혐오와 증오를 돌리지만, 우리의 감성은 불행

에 대고 그렇게 한다. 그리스도께서 영혼을 온통 점령하신 이들을 제외하곤 누구나 불행한 이들을 어느 정도 경멸한다. 이 사실을 의식하는 사람은 거의 없지만 말이다.

우리가 지닌 이 감성의 법칙은 우리 자신에게도 적용된다. 불행한 이의 경우, 모든 경멸과 혐오와 증오가 자신을 향해 덤벼든다. 그것들이 영혼 깊숙이 스며들어 그곳에서 독기 어린 색깔로 우주 전체를 물들인다. 초자연적인 사랑이 살아남았으면 이 두 번째 결과를 막을 수 있지만, 그렇더라도 첫 번째 결과는 막을 수 없다. 첫 번째는 불행의 본질 자체이며, 이 첫 번째 결과가 없는 곳엔 불행도 없다.

"그는 우리를 위해 저주받은 자가 되었다." 나무에 매달린 그리스도의 몸뿐 아니라 그의 영혼 전체가 저주받은 것이다. 마찬가지로 불행에 빠진 무구한 이들은 모두 스스로가 저주를 받았다고 느낀다. 불행에 빠졌다가 다행히 벗어났다 해도, 그 상처가 몹시 깊을 경우 같은 느낌을 받는다.

불행의 또 다른 결과는, 영혼 속에 무기력의 독을 주입해 영혼을 조금씩 자신의 공범으로 만드는 것이다. 오랫동안 불행했던 사람 안에는 자신의 불행에 대한 어떤 암묵적인 동조가 존재한다. 이 동조는 그가 자신의 운명을 개선하기 위해 쏟게 될 모든 노력에 족쇄를 채운다. 그가 해방되기 위한 수단을 찾는 걸 방해하는가 하면, 때론 그 해방을 원하지도 못하게 만드는 것이다. 그렇게 그는 불행 속에 정착해, 사람들은 그가 만족해한다고 믿을 수도 있다. 더 나아가 이 동조는 그가 해방의 수단들을 피하거나 거기서 달아나도록 부추기며, 우스꽝스러운 변명 아래 스스로를 은폐하기도 한다. 심지어 그 불행에서 벗어난 사람일지라도 영혼 깊숙이 씻을 수 없는 상처가 각인되었을 수 있는데, 이 경우 그를 불행 속으로 다시 달려들게 만드는 무언가가 여전히 존재한다. 마치 불행이 그의 안에 기생충처럼 자리 잡아 그를 마음대로 조종한다고도 할 수 있다. 때론 이 충동이 행복을 지향하는 영혼의 모든 움직임을 능가한다. 어떤 은혜의 결과로 불행이 멈추었음에도 그 은인에 대한 적개심이 동반되는 경우도 있다. 그리하여 납득할 수 없는 일부 잔인한 배은망덕의 행위가 벌어지기도 하는 것이다. 불행한 이를 현재의 불행에서 벗어나게 하기는 쉬운 일일 수 있지만, 과거의 불행에서 벗어나게 하기란 어려운 일이다. 신만이 그 일을 해내실 수 있다. 신의 은총조차도 돌이킬 수 없이 상처받은 본성을 이 세상에선 치유하지 못한다. 부활하신 그리스도의 영광스러운 몸에도 상처는 남아 있는 것이다.

불행을 어떤 '거리'로 인식할 때만 우리는 불행의 존재를 받아들일 수 있다.

신은 사랑에 의해, 사랑을 위해 세상을 창조하셨다. 신은 사랑 자체와 사랑의 방법들 외에는 그 무엇도 창조하지 않으셨다. 그는 온갖 형태의 사랑을 창조하셨다. 그리고 가능한 모든 거리에서 사랑할 수 있는 존재들을 창조하셨다. 신 자신이 – 다른 누구도 할 수 없는 일이었기에 – 최대한 멀리까지, 무한히 멀리까지 나아가셨다. 지고의 비탄이며 근접 불가능한 고통이자 기적 같은 사랑인, 신과 신 사이의 이 무한한 거리가 바로 십자가다. 그 무엇도 스스로 저주의 대상이 되었던 그것보다 신에게서 더 멀리 떨어져 있을 수는 없다.

이 비탄이 – 그 너머로 지고의 사랑이 지고의 합일을 이루는 – 둘이면서 하나인 두 음처럼, 순수한 동시에 비통한 어떤 화음처럼 우주를 가로질러 침묵의 밑바닥에서 끊임없이 울려 퍼진다. 그것이 바로 '신의 말씀'이다. 창조물 전체가 그 말씀의 떨림에 지나지 않는다. 더없이 순수한 인간의 음악이 우리의 영혼을 관통할 때 이 음악을 통해 우리가 듣는 것도 그것이다. 우리가 침묵을 들을 수 있게 되었을 때, 이 침묵을 통해 더한층 또렷이 감지하는 것도 바로 그것이다.

사랑 속에서 인내하는 이들은 불행으로 인한 실추의 맨 밑바닥에서 이 음을 듣는다. 그 순간부터 그들은 더 이상 어떤 의심도 할 수 없게 된다.

불행을 당한 이들은 신에게서 거의 최대한 먼 거리로 물러나 십자가 발치에 있다. 죄가 더 먼 거리에 있다고 믿어서는 안 된다. 죄는 거리가 아니다. 죄는 시선이 잘못된 방향으로 향하는 것이다.

이 거리와 최초의 인간의 불순종 사이에는 신비로운 연관성이 있는 게 사실이다. 태초부터 인류는 신에게서 눈길을 돌려 잘못된 방향으로 최대한 멀리까지 걸어갔다고 한다. 그건 그들이 걸을 수 있었기 때문이다. 그런데 우리는 시선만이 자유로운 채 필연성에 종속되어 제자리에서 꼼짝도 하지 않는다. 맹목적인 메커니즘이 정신적인 완성도를 전혀 따지지 않고 사람들을 쉴 새 없이 흔들어 대어 그중 몇몇은 바로 십자가 발치에 던져 놓는다. 그렇게 흔들리면서도 신계로 향한 시선을 계속 유지하는지 마는지는 오직 그들에게 달려 있다. 신의 섭리가 부재한다는 의미는 아니다. 바로 그 섭리에 의해 신은 맹목적 메커니즘으로 작용하는 필연성을 원하셨다.

이 메커니즘이 맹목적이지 않다면 불행은 존재하지 않을

것이다. 불행은 무엇보다 익명성을 띠며, 자신이 취한 이들의 인격을 박탈하고 그들을 사물화한다. 그것은 무심한지라 이 무심함의 차가움, 금속과 같은 차가움이 그것에 닿은 이들의 영혼을 뼛속까지 얼어붙게 만든다. 그들은 절대로 온기를 되찾지 못한다. 그리고 자신이 중요한 사람임을 더는 알지 못하게 된다.

불행이 자체 안에 우연의 몫을 담고 있지 않다면 이런 효력을 발휘하지는 못할 것이다. 자신의 믿음 때문에 박해를 받으며 또 그 사실을 알고 있는 사람들은 고통을 당할지언정 불행한 이들은 아니다. 영혼이 고통이나 두려움에 점령당해 박해의 이유를 잊게 되는 지경에 이르렀을 때만 그들은 불행 속으로 떨어진다. 야수에게 넘겨져 노래를 부르며 원형 경기장 안으로 들어가는 순교자들은 불행한 이들이 아니다. 그러나 그리스도는 불행한 사람이었다. 그는 순교자로 죽은 게 아니다. 그는 보통법을 어긴 범죄자로 도둑들 사이에 끼어, 그저 좀 더 우스꽝스러운 모습으로 죽었다. 실제로 불행은 우스꽝스럽다.

맹목적인 필연성만이 인간을 극도로 먼 지점, 바로 십자가 곁에 던져 놓을 수 있다. 대다수 불행의 원인인 인간의 범죄는 이런 맹목적 필연성에 속한다. 범죄자들은 자신들이 무슨 짓을 저지르고 있는지 모르기 때문이다.

만남과 이별이라는 우정의 두 형태가 있다. 그 둘은 분리될 수 없다. 양쪽 모두 우정이라는 단 하나의 동일한 선善을 내포한다. 사실 두 사람이 친구 사이가 아니라면 서로 가깝다 해도 만남은 없다. 또 서로 멀어진들 이별도 없다. 이처럼 만남과 이별은 동일한 선을 내포하기에 똑같이 좋은 것이다.

우리가 우리 밖의 대상들을 형편없는 모습으로 만들고 인지하듯, 신은 스스로를 완벽한 모습으로 만들고 인지하신다. 그래도 신은 무엇보다 사랑이시다. 무엇보다 신은 스스로를 사랑하신다. 이 사랑, 신 안에서의 이 우정이 바로 '삼위일체'다. 이런 신성한 사랑으로 맺어진 관계들 사이에는 '가까움' 이상의 것이 존재한다. 무한한 가까움, 동일성이 존재하는 것이다. 그렇긴 해도 창조, 강생, 고난에 의한 무한한 거리 역시 존재한다. 전체 공간과 전체 시간의 광막함이 가로막고 나서서 신과 신 사이에 무한한 거리가 벌어지게 한다.

연인들과 친구들은 두 가지 욕구를 지닌다. 하나는, 둘이 서로를 너무도 사랑해 상대의 안으로 침투해 하나가 되는 것. 또 하나는, 둘 사이에 지구의 절반이 놓여 있다 한들 둘의 결합이 조금도 느슨해지지 않을 만큼 서로 사랑하는 것. 그런데 인간이 이 세상에서 헛되이 바라는 모든 것이 신 안에선 완벽히 실재한다. 이 모든 불가능한 욕구가 우리에겐 목적지를 말해 주는 어떤 표시물과도 같은 것이다. 그리고 우리가 그 실현을 더 이상 바라지 않게 되는 순간, 그것들은 우리에게 유익한 것이 되어 준다.

신과 신 사이의 사랑 – 그 자체가 바로 신인 – 이야말로 이중의 효력을 지닌 그 결합이다. 두 존재가 서로 분간되지 않을 만큼, 또 실제로도 하나라고 할 만큼 그 둘을 하나되게 만드는 결합이다. 둘 사이의 거리 위로 펼쳐져 무한한 분리를 뛰어넘게 만드는 결합이다. 일체의 다원성이 사라져 버리는 신의 단일성. 그리고 그리스도께서 성부를 여전히 완벽하게 사랑하면서도 떨쳐 낼 수 없었던 버림받은 느낌. 그 둘은 신 자신이기도 한 동일한 사랑이 만들어 낸 두 가지 형태의 신성한 효력이다.

신은 본질적으로 사랑이시기에, 어떤 의미에서 신에 대한 정의 자체이기도 한 이 단일성은 순전히 이 사랑의 결과일 뿐이다. 그런데 이 사랑이 지니는 무한한 단일화의 힘과, 이 힘에 의해 극복되는 무한한 분리 – 총체적인 시공을 가로질러 펼쳐진 창조물 전체로서, 그리스도와 그의 아버지 사이에 가로놓여 기계적으로 움직이는 거친 물질 세계 – 가 서로 대응한다.

우리의 비참함은 우리 인간에게 성자와 성부 사이에 놓인 이 거리에 참여할 수 있는 한없이 소중한 특권을 부여한다. 그런데 이 거리는 사랑하는 사람들에게만 분리로 작용한다. 사랑하는 사람들에게 이 분리는 고통스럽긴 해도 선^{善}이다. 그건 사랑이기 때문이다. 버림받은 그리스도의 절망은 선이다. 이 세상에서 우리에겐 그 절망에 참여하는 것보다 더 큰 선은 있을 수 없다. 신은 그 육신 탓에 이 세상에선 우리 앞에 완벽하게 현존할 수 없다. 그러나 우리가 극단의 불행 속에 있을 때 그는 거의 완벽히 부재할 수 있다. 그건 이 땅에 사는 우리가 완벽할 수 있는 유일한 가능성이다. 십자가가 우리의 유일한 희망인 것도 그 때문이다. "그 어떤 숲에도 이런 꽃과 이파리, 싹을 지닌 나무는 없다."

우리가 한 조각 작은 파편으로 살고 있는 이 우주는, 신의 사랑이 신과 신 사이에 만들어 놓은 거리다. 우리는 이 거리에 자리한 한 점이다. 공간, 시간, 물질을 지배하는 메커니즘이 바로 이 거리다. 우리가 악이라 부르는 모든 것은 이 메커니즘에 불과하다. 그래서 신은 자신의 은총이 인간의 심부로 침투해 그곳에서 온 존재를 비출 때 인간이 자연의 법칙을 거스름 없이 물 위를 걸을 수 있도록 하셨다. 하지만 인간이 신에게서 돌아서면 곧장 중력에 몸을 맡기게 된다. 그러고 나면 자신이 원하고 선택한다고 믿는 순간에도 그는 하나의 사물, 떨어지는 돌에 불과하게 된다. 인간의 영혼과 사회를 가까이에서 정말로 주의 깊게 관찰하면, 초자연의 빛이 부재하는 곳마다 만사가 물체의 낙하 법칙과 마찬가지로 맹목적이고도 정확한 기계적 법칙에 복종한다는 걸 알게 된다. 이 앎은 유익하고도 필요한 일이다. 우리가 범죄자라 부르는 이들은 바람이 불어 어쩌다 지붕에서 떨어져 내린 기왓장에 불과하다. 그들의 유일한 잘못이라면, 그들을 이런 기왓장이 되게 한 애초의 선택이다.

필연의 메커니즘은 자체의 모습을 유지하면서 천연의 물질이나 식물, 동물, 사람, 영혼 속 온갖 차원으로 전이된다. 우리가 있는 곳과 우리의 관점에서 바라보면 그것은 철저히 맹목적이다. 하지만 우리의 마음을 우리 자신 밖으로, 우주 밖으로, 시공을 벗어나 아버지이신 신께서 자리한 그곳으로 옮기고 거기서 이 메커니즘을 바라보면 그것은 전혀 다르게 보인다. 필연성으로 보였던 것이 순종이 되는 것이다. 물질은 완전한 수동성이며, 따라서 신의 의지에 대한 철저한 순종이다. 우리에게 완벽한 모범인 것이다. 그곳에는 신 그리고 신께 순종하는 대상 외에 다른 존재는 있을 수 없다. 물질의 '주인'이신 신을 사랑하는 이들은, 완벽히 순종하는 이 물질을 사랑하지 않을 수 없다. 한때 사랑했으나 이제는 죽고 없는 여인이 쓰던 바늘을 그 연인이 다정한 눈길로 바라보듯 말이다. 세상의 아름다움은 물질이 우리의 사랑을 받을 자격이 있음을 암시해 준다. 세상의 아름다움 안에 존재하는 맹목적인 필연이 사랑의 대상이 되는 것이다. 시시각각 변하는 바다의 물결이나 반영구적인 습곡 산지에서 찾아지는 중력만큼 아름다운 것은 없다.

때로 바다에서 배가 침몰한다는 걸 우리가 안다고 해서, 바다가 덜 아름다워 보이는 건 아니다. 오히려 바다는 그래서 더 아름답다. 바다가 배를 구하려고 파도의 움직임을 바꾼다면, 그것은 분별과 선택의 능력을 지닌 존재이지 모든 외부의 압력에 완벽히 순종하는 유체流體가 아닌 것이다. 완벽한 순종이야말로 그것의 아름다움이다.

이 세상에서 일어나는 그 모든 끔찍한 일들은 중력에 의해 형성되는 물결과도 같다. 그것들이 아름다운 건 그 때문이다. 때로 우리는 『일리아스』 같은 한 편의 시에서 이 아름다움을 감지하게 된다.

인간은 신에 대한 순종에서 절대로 벗어날 수 없다. 피조물은 순종하지 않을 수 없는 것이다. 지성을 지닌 자유로운 피조물로서 인간이 할 수 있는 유일한 선택은 이 순종을 원하느냐 원치 않느냐이다. 원치 않는다고 하자. 그래도 그는 기계적 필연성에 종속된 무언가로서 끊임없이 복종한다. 그가 원한다고 하자. 마찬가지로 그는 기계적 필연성에 종속되어 있겠지만, 거기엔 어떤 새로운 필연성이 추가된다. 초자연적인 것 특유의 법칙으로 이루어진 필연성이다. 어떤 행동은 그에게 불가능해지는 반면, 또 다른 행동은 때론 거의 본의 아니게 그를 통해 완수되는 것이다.

우리가 어떤 상황에서 신께 불순종했다는 느낌을 갖는다면, 그건 우리가 한동안 더 이상 순종을 원치 않았음을 의미할 뿐이다. 물론 다른 조건이 모두 동일하다 해도 인간은 순종에 동의하느냐 안 하느냐에 따라 행동이 달라진다. 식물 역시 다른 조건이 모두 똑같아도 밝은 데 있느냐 어두운 데 있느냐에 따라 자라는 방식이 다른 것과 마찬가지다. 식물은 자신의 성장을 두고 어떤 통제도 선택도 하지 않는다. 우리 역시 빛을 받을 것인지 말 것인지 하는 선택밖에 할 수 없는 식물과 같다.

그리스도는 일을 하지도 수고하지도 길쌈을 매지도 않는 들의 백합을 보라고 우리에게 충고하며 물질의 유순함을 모범으로 제시하셨다. 다시 말해 그것들은 이런저런 색깔의 옷을 입으려고 하지 않고, 자기 의지를 가동하거나 그 수단을 강구하려 하지도 않으며, 자연의 필연성이 가져다

주는 모든 걸 받아들인다는 말이다. 그것들이 화려한 직물보다 무한히 더 아름다워 보이는 건, 더 화려해서가 아니라 이런 유순함을 지녔기 때문이다. 직물도 유순하지만, 신이 아니라 인간에게 유순하다. 그런데 물질은 인간에게 복종할 땐 아름답지 않으며, 오직 신께 복종할 때만 아름답다. 때로 예술 작품이 산과 바다 혹은 꽃만큼이나 아름다워 보이는 건 신의 빛이 그 예술가를 가득 채워서다. 신의 영감을 받지 않은 사람들이 만들어 낸 것을 아름답다고 느끼려면, 그들은 부지중에 순종하고 있는 물질에 지나지 않는다는 걸 우리가 온 영혼을 다해 이해한 상태여야 한다. 이 경지에 와 있는 이에게는 이 세상 모든 것이 예외 없이 완벽히 아름답다. 존재하는 모든 것, 생겨나는 모든 것에서 그는 필연성의 메커니즘을 식별해 내며, 이 필연성 안에서 순종의 무한한 감미로움을 맛본다. 우리가 보기에, 신에 대한 사물들의 이 순종은 빛에 대한 투명한 유리창과도 같다. 우리가 온 존재로 이 순종을 느끼는 순간 우리는 신을 본다.

우리가 신문을 거꾸로 들면, 이상한 형태의 인쇄된 글자들이 보인다. 하지만 신문을 제대로 드는 순간 더 이상 이 글자들은 보이지 않고 단어들이 보인다. 폭풍우를 만난 배에 탄 승객은 매 차례 배의 흔들림을 속이 뒤집히는 느낌으로 경험한다. 그러나 선장은 그때마다 바람과 해류와 물결이 배의 자세와 형태, 돛, 키와 이루는 복잡한 조합을 파악할 뿐이다.

읽기를 배우고 일을 배우듯 우리는 모든 것에서 – 우선적으로, 그리고 거의 전적으로 – 신에 대한 우주의 순종을 느끼는 것을 배운다. 그건 정말이지 하나의 수련이며, 모든 수련이 그렇듯 노력과 시간을 요한다. 그 수련을 마친 이에게는 사물들 혹은 사건들 사이에 더 이상 차이가 존재하지 않는다. 글을 읽을 줄 아는 사람에게는 어떤 문장이 붉은 잉크로 쓰이든 푸른 잉크로 쓰이든, 또는 다른 글씨체로 쓰이든 차이점이 느껴지지 않듯 말이다. 글을 읽을 줄 모르는 사람에겐 차이점밖에 안 보이지만 글을 읽을 줄 아는 사람에겐 모두가 동일한데, 그것은 결국 같은 문장이기 때문이다. 수련을 완수한 이에게는 모든 사물과 사건이 언제 어디서든 무한히 감미로운, 동일한 신의 말씀의 떨림이다. 그렇다고 그에게 괴로움이 없다는 말은 아니다. 고통은 어떤 사건들이 지니는 색깔이다. 붉은 잉크로 쓰인 문장 앞에서는 글을 읽을 줄 아는 사람이나 모르는 사람이나 모두 붉은 색을 본다. 그러나 이 붉은 색이 두 사람에게 동일한 중요성을 지니는 건 아니다.

견습생이 다치거나 피로를 호소하면 장인이나 농부가 하는 근사한 말이 있다. "일이 몸속으로 들어오는 것이다."

우리는 고통을 겪을 때마다 정말로 이렇게 생각할 수 있다. 우주가, 세상의 질서가, 세상의 아름다움이, 신에 대한 창조물의 순종이 우리 몸속으로 들어오는 거라고. 그렇다면 우리에게 이런 선물을 보내는 '사랑'이신 신을 어떻게 뜨거운 감사의 마음으로 찬양하지 않을 수 있을까?

기쁨과 고통은 똑같이 소중한 선물이므로 그 둘을 뒤섞으려 하지 않고 순수한 상태 그대로 고스란히 맛보아야 한다. 기쁨을 통해서는 세상의 아름다움이 우리 영혼 속으로 침투한다. 고통을 통해선 그것이 우리 몸속으로 들어온다. 우리가 그저 항해에 대한 입문서를 공부한다고 선장이 될 수 없듯, 기쁨만으로는 신의 친구가 될 수 없다. 모든 수련에는 육신이 관여한다. 신체적인 감각의 차원에서는, 세상의 질서를 이루는 이 필연성과의 접촉은 오로지 고통을 통해 이루어진다. 쾌락은 어떤 필연성의 느낌을 담고 있지 않기 때문이다. 어떤 보다 고차원적인 감각만이 기쁨 속에서 필연성을 느낄 수 있는데, 그것은 오로지 미감美感을 매개로 해서다. 물질의 본질이기도 한 이 순종에 우리가 언젠가 온 존재로 철저히 반응하려면, 그리고 우주를 신의 말씀의 떨림으로 들을 수 있게 해주는 어떤 새로운 감각이 우리 안에 형성되려면, 고통과 기쁨이 지니는 변환의 능력이 똑같이 필요하다. 둘 중 하나가 모습을 드러냈을 때는 그들에게 영혼의 중심을 열어 주어야 한다. 사랑하는 이가 보낸 심부름꾼에게 우리가 문을 열어 주듯 말이다. 심부름꾼이 연인의 전갈을 가지고 왔다면 그것을 내미는 방식이 공손하건 불손하건 무슨 상관이겠는가?

그러나 불행은 고통이 아니다. 불행은 신의 교수법과는 전혀 다른 무엇이다.

무한한 공간과 시간이 우리를 신에게서 떼어 놓는다. 그렇다면 어떻게 우리가 그를 찾을 것인가? 어떻게 그에게로 갈 수 있을까? 수세기를 걷는다 해도 세상을 빙빙 돌기만 할 것이다. 비행기를 탄다 해도 달라질 게 없다. 우리는 수직으로 전진할 수 없기 때문이다. 하늘을 향해서는 한 발짝도 내디딜 수 없는 것이다. 신께서 우주를 가로질러 우리에게로 오신다.

무한한 공간과 시간 너머에서 무한히 더 무한한 신의 사랑이 우리를 사로잡으러 오신다. 그는 때가 되면 오신다. 우리는 그를 맞이하는 데 동의할 수도 거부할 수도 있다. 우리가 귀를 닫고 있어도 그는 걸인처럼 연거푸 오고 또 오신다. 그러다 언젠가는 걸인처럼 더 이상 오지 않기도 한다. 우리가 동의하면 신은 우리 안에 작은 씨앗을 심어 두고 떠나신다. 그 순간부터 신은 더 이상 할 일이 없고,

우리도 마찬가지다. 그저 기다려야 할 뿐이며, 우리가 허락한 동의와 혼인 서약을 후회해서는 안 될 뿐이다. 그것이 생각만큼 쉽지는 않다. 우리 안에 있는 씨앗의 성장이 고통스럽기 때문이다. 게다가 우리는 이 성장에 동의하는 만큼 그 훼방꾼을 퇴치하고 잡초를 뽑고 개밀을 쳐내지 않을 수 없다. 그런데 불행히도 이 개밀이 바로 우리 살의 일부인지라 정원을 돌보는 일은 고역이 된다. 그렇긴 해도 씨앗은 저 혼자 자란다. 그러다 영혼이 신께 속하는 날이 온다. 그날 영혼은 사랑에 동의할 뿐 아니라 정말로 사랑하게 된다. 그러고 나면 이번에는 영혼이 우주를 가로질러 신께서 계시는 곳까지 가야 한다. 영혼은 어떤 창조된 사랑을 지닌 피조물로서 사랑하는 게 아니다. 그 영혼 안에 깃든 사랑은 창조되지 않은 신적인 것이다. 이 영혼을 통과하는 것은 신을 향한 신의 사랑이기 때문이다. 신만이 신을 사랑할 수 있는 것이다. 우리는 이 사랑이 우리 영혼 속을 자유롭게 통과하도록 우리 자신의 감정을 포기하는 데 동의할 수 있을 뿐이다. 그것이 바로 스스로를 부정하는 것이다. 우리는 바로 이 동의를 위해 창조되었다.

신의 사랑이 무한한 공간과 시간을 가로질러 신에게서 우리에게로 온다. 그런데 어떻게 이 사랑이 유한한 피조물에게서 출발해 반대 방향으로 여행을 되풀이할 수 있을까? 우리 안에 심긴 신성한 사랑의 씨앗이 자라 나무가 되었을 때, 그 씨앗을 품고 있는 우리는 그것을 어떻게 원래 자리로 되돌려 놓을 수 있을까? 신께서 우리에게 오기 위해 하셨던 여행을 반대 방향으로 어떻게 되풀이할 수 있을까? 어떻게 그 무한한 거리를 가로지를 수 있을까?

그건 불가능해 보이지만, 그래도 방법이 있다. 우리도 잘 아는 방법이다. 우리 안에서 자라난 나무, 하늘의 새들이 깃드는 너무도 아름다운 이 나무가 어떤 형상대로 만들어졌는지 우리는 잘 알고 있다. 어떤 나무가 모든 나무 가운데 가장 아름다운지 우리는 안다. "어떤 숲에도 그런 나무는 없다." 교수대보다 좀 더 끔찍한 무엇, 그것이 가장 아름다운 나무다. 신은 바로 이 나무의 씨앗을 우리 안에 심어 두신 것이다. 그것이 무슨 씨앗인지 우리는 몰랐지만 말이다. 알았더라면 다짜고짜 동의하지는 않았을 것이다. 바로 이 나무가 우리 안에서 자라 깊이 뿌리 내리게 된 것이다. 배신만이 그것을 뿌리 뽑을 수 있다.

망치로 못을 치면 큼직한 못대가리가 흡수한 충격이 그저 한 점에 불과한 뾰족한 못 끝에 고스란히 전달된다. 망치와 못대가리가 무한히 크다 해도 똑같은 일이 벌어질 것이다. 못 끝은 자신이 자리한 그 한 점에 무한한 충격을 전달할 것이다.

육체의 고통인 동시에 영혼의 절망이며 사회적 실추이기도 한 극도의 불행이 이 못이라 하겠다. 못 끝은 영혼 한복판에 서 있다. 못대가리는 전체 시간과 공간을 가로질러 흩어져 있는 온갖 필연성이다.

불행은 신의 경이로운 기술이다. 이 단순하고도 기발한 장치가 유한한 피조물의 영혼 안으로 거칠고 차갑고 맹목적인 힘을 들여놓는다. 신과 피조물을 가르는 무한한 거리가 한 점으로 오롯이 모아져 영혼 한복판을 관통한다.

그런 불행을 당하는 사람은 이 작용에 전혀 관여할 수 없다. 그는 산 채로 앨범에 핀으로 고정된 나비처럼 버둥거린다. 하지만 이런 끔찍한 상황에도 계속 사랑하고자 할 수 있다. 거기엔 어떤 불가능성도 장애물도 없으며, 어려움조차 전혀 없다고까지 말할 수 있다. 실신을 초래할 지경의 고통이 아니라면, 아무리 큰 고통이라도 올바른 지향에 동의한 영혼의 이 지점을 건드리지는 않기 때문이다.

다만 사랑은 어떤 지향이지 영혼의 상태가 아니라는 걸 알아야 한다. 우리가 이 사실을 모르면, 불행이 처음 닥치자마자 절망에 빠지게 된다.

못이 영혼을 뚫고 간 동안에도 여전히 신을 지향하는 사람은 우주의 중심에 못 박힌 것이다. 그것은 '가운데'라는 의미가 아닌, 시간과 공간 너머의 진정한 중심 곧 신이다. 공간에 속하지 않지만 그렇다고 시간도 아닌 차원, 전혀 다른 어떤 차원에서 이 못이 창조물을 관통해, 즉 영혼을 신에게서 떼어 놓는 두꺼운 차폐물을 관통해 구멍을 뚫어 놓은 것이다.

이 놀라운 차원을 통해 영혼은 자신과 연결된 육체가 자리한 장소와 순간을 떠나지 않고도 전체 시간과 공간을 가로질러 신의 현전 앞에 다다를 수 있다.

영혼은 창조물과 창조주가 교차하는 지점에 자리한다. 이 교차점은 '십자가'의 두 막대가 엇갈리는 지점이기도 하다.

성 바울로는 다음과 같이 말하며 아마도 그런 유의 생각을 했을 것이다. "사랑 속에 뿌리 내리십시오. 하느님의 신비가 얼마나 넓고 길고 높고 깊은지 깨달을 수 있도록, 일체의 지식을 넘어서는 그리스도의 사랑을 알 수 있도록 말입니다."[3]

신을 향한 암묵적인 사랑의 형태들

"하느님을 사랑하라"는 계명은 명령의 형태를 지니는데, 여기서 말하는 사랑은 신께서 직접 오셔서 미래의 신부의 손을 잡아 주실 때 영혼이 허락하거나 거부하는 동의일 뿐 아니라, 이 방문 이전에 이미 존재한 사랑이기도 하다. 그것은 지속적인 의무를 내포하기 때문이다.

그런데 이전의 사랑은 신을 대상으로 할 수 없다. 신은 존재하지 않으며, 존재한 적이 한 번도 없었기 때문이다. 그러므로 그 사랑의 대상은 다른 무엇이다. 그럼에도 그 사랑은 신을 향한 사랑이 되도록 운명 지어져 있다. 우리는 그것을 신을 향한 간접적인 혹은 암묵적인 사랑이라 부를 수 있다.

이 사랑의 대상이 신이라는 이름을 지닐 때도 마찬가지다. 그 이름은 부적절하게 붙여진 것일 수 있기 때문이다. 아니면 그 이름의 사용은 향후 전개될 상황을 고려해서만 정당하다고 할 수 있다.

신을 향한 암묵적인 사랑은 오로지 세 가지 직접적인 대상을 가질 수 있다. 즉 종교 의식과 세상의 아름다움과 이웃이다. 그렇게 세 가지 사랑이다.

이 세 가지 사랑에 아마도 우정을 첨가해야 할 것이다. 엄밀히 말해 우정은 이웃에 대한 사랑과는 구별된다.

이 간접적인 사랑들은 정확하고도 엄정한 의미에서 동일한 효력을 지닌다. 상황과 기질, 소명에 따라 어느 하나가 먼저 영혼 속으로 침투한다. 준비 기간 동안에는 그 하나가 주도권을 잡는다. 이 시기 내내 그 하나가 같은 것이어야 할 필요는 없을 것이다.

대개의 경우 이 준비 기간이 마무리되고 영혼이 그 '주인'의 직접적인 방문을 맞을 준비가 되어 있으려면, 영혼은 자신 안에 상당한 수준의 이 모든 간접적인 사랑을 품고 있어야 한다.

이 모든 사랑이 준비 기간에 걸맞은 형태로, 숨겨진 형태로 신을 향한 사랑을 이룬다.

영혼 속에 본디 의미의 신을 향한 사랑이 생겨날 때 그것들이 사라지는 것은 아니다. 그것들은 오히려 무한히 더 강해지며, 한데 모여 단 하나의 사랑을 이룬다.

그러나 숨겨진 형태의 사랑이 반드시 선행하며, 흔히는 몹시 오랜 기간 영혼 안에서 홀로 지배권을 행사한다. 많은 이들에게 이 상황은 아마도 그들이 죽을 때까지 지속된다. 그런가 하면 이 사랑은 고도의 순수함과 힘에 도달하기도 한다.

이 숨겨진 사랑이 취할 수 있는 각각의 형태는, 그것이 영혼을 건드리는 순간 성사의 효력을 지닌다.

이웃에 대한 사랑

그리스도는 이웃에 대한 사랑을 두고 이 점을 명확히 지적해 두셨다. "내가 굶주렸을 때 너희가 내게 먹을 것을 주었다"고 말씀하시면서 그는 자신의 은인들에게 언젠가 고마움을 표할 것이라 하셨다. 그리스도 자신 외에 누가 그리스도의 은인일 수 있단 말인가? 어떻게 한 인간이 그리스도께 먹을 것을 줄 수 있단 말인가? "내 안에 사는 건 내가 아니요, 오직 그리스도께서 내 안에 사신다"라고, 성 바울로가 말한 이런 경지에 한순간이나마 도달하지 않는 다면 말이다.

복음서는 불행한 이들 안에 현전하시는 그리스도만을 쟁 점으로 삼는다. 그러면서 그리스도를 받아들이는 이의 정 신적 품격에 대해서는 침묵하는 듯싶다. 하지만 굶주린 불 행한 이에게 빵을 줌으로써 그의 안으로 그리스도께서 들 어가시도록 하는 건, 그리스도를 몸에 지니고 은혜를 베푸 는 자 자신임을 인정해야 한다. 상대는 성체를 배령拜領하 는 이와 똑같이 그 현전에 동의하거나 하지 않을 수 있다. 이 선물이 제대로 전달되고 받아들여지면, 한 사람에게서 또 한 사람에게로 건네진 빵 한 조각은 진정한 영성체와 다름없는 무엇이 된다.

그리스도께 은혜를 베푼 이를 그리스도는 친절하다고도 자비롭다고도 하지 않으신다. 그들은 의인이라 불린다. 복음서는 이웃에 대한 사랑과 정의를 전혀 구분하지 않는 다. 그리스인들이 보기에도 탄원자 제우스를 흠숭하는 것 이 정의를 위한 첫 번째 의무였다. 그런데 우리가 정의와 사랑을 구분 짓기 시작했다. 그 이유는 쉽사리 이해된다. 우리가 지닌 정의의 개념에 따르면, 가진 자가 베풀어야 할 필요는 없다. 그럼에도 그가 베풀 경우 그는 자족해도

157

좋은 것이, 자신이 선행을 했다고 생각하기 때문이다. 반면 그것을 받은 입장에서는 이 정의의 개념을 어떻게 이해하느냐에 따라 감사의 마음을 전혀 품지 않아도 되거나 비굴한 감사를 바쳐야만 할 수도 있다.

정의와 사랑을 철저히 동일시할 때만 연민과 감사의 마음이 가능해지며, 다른 한편으로는 불행한 이를 포함해 다른 이들이 불행의 존엄성을 존중할 수 있게 된다.

어떤 호의도 정의보다 더 멀리 나아갈 수는 없으며 호의라는 거짓 외관을 뒤집어쓴 죄가 될 수도 있다. 그러나 정의는 너무도 아름다운 것이기에 우리는 의인에게 그 의로움에 대해 감사해야 한다. 우리가 넘치도록 영광스러운 분인 신께 감사하듯 말이다.

정의로운 행동을 목격한 사람과 실제로 그 혜택을 입은 사람 사이의 유일한 차이가 있다면, 전자에겐 그 고결한 정의가 그저 하나의 광경인 데 반해 후자에겐 직접적으로 접한 대상일 뿐 아니라 모종의 양분과도 같다는 사실이다. 그러므로 전자가 느끼는 단순한 탄복의 감정이 후자에게선 타오르는 감사의 정으로 훨씬 고양된 상태에 이른다.

불의에 쉽사리 넘어갈 수 있었던 상황에서 정의로운 대접을 받은 사람이 감사하지 않는 것은, 정의의 모든 순수한 행위 안에 내포된 초자연적인 성사의 효능을 포기하는 것이다.

투키디데스가 비길 데 없이 올곧은 영혼으로 놀랍도록 아름다운 몇몇 문장 안에 표현해 둔 '천부적 정의론'보다 이 효능에 대해 더 잘 시사해 주는 것은 없다.

아테네인들은 스파르타인들과 전쟁을 벌이던 중, 예로부터 스파르타와 동맹 관계에 있으면서 그때까지 중립을 지켜 오던 작은 섬 멜로스 주민들에게 자신들의 편에 가담할 것을 강요했다. 아테네의 최후통첩 앞에 멜로스인들은 정의에 호소하며 그들 도시의 오랜 역사를 생각해서라도 자비를 베풀어 달라고 호소했으나 허사였다. 멜로스인들이 굴복하지 않자 아테네인들은 그 도시를 파괴했다. 남자들은 모두 죽이고, 여자들과 아이들은 모조리 노예로 팔아 버렸다.

투키디데스는 앞서 말한 문장들이 아테네인들의 입을 통해 흘러나오도록 한다. 그들은 우선 자신들의 최후통첩이 올바른 것임을 증명해 보이지는 않겠다고 선언한다.

"그보단 가능한 것을 논하자.……너희도 우리처럼 알고

있다. 인간의 정신이란 이런 것이니, 옳은 것을 가리는 건 오로지 양측이 똑같이 그것을 필요로 할 때뿐이다. 하지만 강자와 약자 사이의 문제라면, 강자가 가능한 것을 강요하고 약자는 그것을 수락해야 한다."

멜로스인들은 자신들의 명분이 옳으니, 전투가 벌어지면 자신들은 신의 비호를 받을 것이라 말했다. 그러자 아테네인들은 그것이 아무 근거 없는 추정이라고 대답했다.

"우리는 신들에 대해선 믿음을, 인간들에 대해선 확신을 가지고 있다. 즉 자연의 필연성에 따라 언제 어디서든 힘을 가진 자는 누구나 명령을 한다는 것이다. 우리가 이 법칙을 세운 것이 아니며, 그것을 처음 적용한 것도 아니다. 그 법칙은 이미 세워져 있었고, 우리는 그것을 영원히 지속될 무엇으로 보존한다. 우리가 그것을 적용하는 것도 그 때문이다. 너희도 다른 모든 사람처럼 동일한 수준의 힘을 얻게 되면 똑같이 행동할 것임을 우리는 잘 알고 있다."

불의의 개념에 대한 그런 명료한 지성은 사랑의 빛 바로 밑에 자리하는 빛이다. 그 빛은 사랑이 존재할 때 잠시 머물다 꺼져 버린다. 그 밑은 암흑인데, 거기서 강자는 자신의 명분이 약자의 명분보다 올바르다고 진심으로 믿는다.

로마인들과 히브리인들이 그랬다.

가능성과 필연성은 이 문장들 안에서 정의와 대치되는 용어다. 강자는 약자에게 뭐든 강요할 수 있는 것이다. 그렇다면 이 가능성이 어느 정도인지 살펴봄이 마땅하다. 이 가능성이 우리에게 익히 알려진 대로라면, 강자는 분명 그 극한까지 자신의 의지를 관철시킬 것이다. 그것은 일종의 기계적 필연성이다. 그렇지 않다면, 마치 원하는 동시에 원치 않는 꼴이라 하겠다. 그러고 보면 약자에게 필연성이 작용하듯 강자에게도 마찬가지다.

두 사람이 함께해야 하는데 서로에게 아무것도 강요해선 안 된다면, 둘은 합의를 보아야 한다. 그 순간 둘은 정의를 검토하게 된다. 오직 정의만이 두 의지가 서로 양립할 수 있게끔 해주기 때문이다. 정의는 신 안에서 성부와 성자를 하나되게 만드는 그 '사랑' – 사고하는 개인들의 공통되는 사고이기도 한 – 의 모습을 지닌다. 하지만 강자와 약자가 존재하는 한, 두 의지를 하나되게 만들 필요가 전혀 없다. 단 하나의 의지, 강자의 의지만 존재하기 때문이다. 약자는 복종한다. 사람이 물질을 다룰 때와 똑같은 상황이 벌어지는 것이다. 서로 양립시켜야 할 두 의지는 존재하지 않는다. 사람은 원하고, 물질은 따를 뿐이다. 약자는 사물과 마찬가지다. 귀찮은 개를 쫓기 위해 돌을 던지는 것과 노예에게 "저 개를 쫓아내"라고 말하는 것 사이에는 아무 차이가 없다.

불평등한 힘의 관계에 있는 사람들 사이에서는 그 불평등이 일정 수준에 달하는 순간 약자는 물질의 상태로 넘어가 인격을 상실하게 된다. 옛사람들의 말대로라면, "사람은 노예가 되는 날 자기 영혼의 절반을 상실한다."

균형을 이룬 천칭은 힘들의 동등한 관계의 표상으로 아주 먼 옛날부터, 특히 이집트에서 정의의 상징이었다. 그리고 상거래 용도로 사용되기 이전에는 아마도 종교적 의미를 지닌 물건이었을 것이다. 하지만 상거래에서 사용될 때는 교환의 법칙이자 정의의 본질 자체이기도 한 상호동의의 이미지를 지니게 된다. 스파르타의 법에서도 찾아지는, 상호 동의라는 이 정의의 개념은 에게-크레타 문명[4]에서 비롯된 것이 틀림없다.

정의의 초자연적 효능은 설령 우리가 불평등한 힘의 관계에서 우위를 점하더라도 정확히 동등한 관계인 양 처신하는 데 있다. 정확히 모든 면에서, 말투나 어조의 세세한 부분에 이르기까지 동등해야 한다. 세부 사항 하나로도 열세에 있는 사람을 물질의 상태로 – 이 상황에서 그에게는 너무도 자연스러운 – 던져 넣기에 충분하다. 영하

의 온도에서도 액체로 남아 있던 물이 미세한 충격으로도
얼어 버리는 것과 같은 이치다.

동등한 대우를 받는 열세에 있는 사람은, 양자 사이에 정
말로 동등한 힘이 존재한다고는 생각하지 않는다. 자신이
이런 대우를 받는 건 오로지 상대의 관용 때문임을 깨닫
는 것이다. 이것이 정의의 초자연적 효능이며, 우리가 감
사라 일컫는 것이기도 하다. 다른 방식의 대우를 받는 열
등한 사람에게도 정의의 초자연적 효능이 작용한다. 즉
그가 받는 대우는 정의와 무관할 뿐 아니라 인간 본성의
메커니즘과 필연성에 부합함을 이해하는 것이다. 이 경우
에 그는 복종도 저항도 하지 않고 있어야 한다.

힘의 관계에서 자신보다 훨씬 열세인 이들을 자신과 동등
하게 대우하는 사람은 상대에게 운명이 앗아간 인간성을
진정으로 선사하는 셈이다. 피조물에게도 가능한 범위에
서 그는 상대를 위해 창조주 본연의 관용을 재현해 내는
것이다.

이 덕목이야말로 그리스도교의 전형적인 미덕이다. 이집
트의 『사자의 서』에는 복음서의 말씀만큼이나 숭고한 의
미를 담은 말이 있다. "저는 그 누구도 울게 한 적이 없습
니다. 저는 언성을 높인 적이 없습니다. 저는 그 누구에게

도 두려움을 불러일으킨 적이 없습니다. 참되고 올바른 말에 귀를 닫은 적이 없습니다."

불행한 이들의 감사, 순수한 감사는 그저 이 미덕에 참여하는 행위다. 깨달을 수 있는 자만 그 미덕을 깨닫기 때문이다. 다른 이들은 그 결과를 경험하면서도 깨닫지는 못한다.

그런 미덕은 진정한 신에 대한 생동하는 구체적인 믿음과 동일하다. 그런데 신은 자연 상태의 인간과 마찬가지로 가능성의 극한까지 명령하는 분이라고, 투키디데스의 아테네인들은 생각했다.

진정한 신은 전능한 분이라 여겨지는 신이지만, 그렇다고 자신이 힘을 행사할 수 있는 곳 어디서나 명령을 하지는 않는다. 그는 오직 하늘에 계시며, 이 땅에선 은밀히 숨어 계시기 때문이다.

멜로스인들을 학살한 아테네인들에겐 더 이상 그런 신에 대한 개념이 없었다.

그들의 오류를 증명할 수 있는바, 우선 그들의 확신과는 반대로 — 몹시 드문 경우이긴 해도 — 인간은 자신이 힘을 행사할 수 있는 상황에도 순수한 관용을 발휘해 명령을 자제하기도 하는 것이다. 인간에게 가능한 건 신에게도 가능하다.

그 사례들에 대해 의문을 제기할 수도 있을 것이다. 그러나 순수한 관용이 작용했음을 우리가 증명할 수 있는 이런저런 사례의 경우, 그 관용은 보통 칭송받기 마련이다. 인간이 칭송할 수 있는 거라면 뭐든 신에게 가능하다.

이 세상의 광경은 더한층 확실한 증거가 되어 준다. 순수한 선은 어디에도 없다. 신은 전능하지 않거나, 절대적으로 선한 존재는 아니거나, 명령할 수 있는 곳 어디서나 명령을 내리지도 않는다.

그렇다면 세상에 존재하는 악은 신의 실재를 반박하는 증거이기는커녕 그 실재를 있는 그대로 우리에게 드러내 보이는 무엇이다.

신의 입장에서 '창조'는 자기 확장의 행위가 아니라 후퇴와 포기의 행위다. 신과 모든 피조물이라 해봐야 신 혼자보다 못하다. 신은 이런 감퇴를 받아들이셨다. 자기 존재의 일부를 비우셨다. 이 창조 행위에서 이미 자신의 신성을 비우셨다. 그 때문에 성 요한은 '어린양'이 창세로부터 죽임을 당했다고 말한다. 신은 자신이 아닌 것들, 자신보다 무한히 가치가 떨어지는 것들이 존재하도록 허락하신 것이다. 그리스도께서 우리에게 우리 자신을 부인하라고 명하셨듯, 신은 창조 행위를 통해 스스로를 부인하셨다. 우리가 신을 위해 스스로를 부정할 수 있도록 신은 스스로를 부정하셨다. 우리가 거부할 수도 있는 이 응답, 이 화답이야말로 미친 사랑인 창조 행위의 정당성을 증명하는 유일한 방법이다.

신의 이 포기, 자발적인 거리 두기, 자발적인 사라짐, 그리고 세상에서의 외견상 부재와 은밀한 현존, 이런 것들을 착상해 낸 종교들이 참된 종교로서, 그 종교들은 위대한 '계시'를 여러 다른 언어로 번역한 것이라 할 수 있다. 명령할 수 있는 곳 어디서나 명령을 내리는 존재로 신을 묘사하는 종교는 거짓 종교다. 그런 종교는 유일신을 섬긴다 하더라도 실은 우상을 숭배하는 것이다.

불행으로 인해 수동적이고 무감각한 사물의 상태로 전락한 사람이 타인의 관용으로 잠시나마 인간의 상태로 돌아왔다고 하자. 이 사람이 그 관용의 참된 본질을 받아들이고 느낄 줄 안다면, 그 순간 그는 오로지 사랑의 소산인 영혼을 맞아들이게 된다. 그는 물과 영에서 출발해 하늘로부터 태어나는 것이다. (복음서에 나오는 '아노텐'ἄνωθεν이라는 단어는 '새롭게'라는 의미보다 '하늘로부터'라는 의미로 훨씬 자주 쓰인다.) 그 불행한 이웃을 사랑으로 대하는 것은 그에게 세례를 베푸는 것과 같은 무엇이다.

관용의 행위를 베푸는 사람은 생각에 의해 타인 안으로 옮겨진 것처럼 행동할 수밖에 없다. 그런 순간엔 이 사람 역시 오로지 물과 영으로 이루어져 있다.

관용과 연민은 떼어 놓을 수 없으며, 둘 다 신을 – 곧 창조와 고난을 – 모범으로 삼는다.

인간인 자와 인간의 자격을 박탈당한 자, 이 두 존재 사이에서 번개처럼 생겨나는 연민과 감사, 그것을 주고받음이 초자연적인 사랑이라고 그리스도는 우리에게 가르치셨다. 두 사람 중 하나는 도랑가에 피 흘리며 꼼짝 않고 쓰러져 있는 약간의 벌거벗은 살덩이에 불과하며, 그저 물질에 지나지 않는 익명의 존재다. 그 곁을 지나가는 사람들은 그의 존재를 거의 깨닫지 못하며, 몇 분 뒤에는 그를 보았다는 사실조차 잊어버린다. 그런데 한 사람이 멈추어 서서 그에게 주목한다. 이어지는 행동들은 바로 이 순간의 기계적인 결과일 뿐이다. 창조적인 주목注目이다. 이 주목은 작동하는 순간 '포기'가 된다. 그것이 순수한 것이라면 말이다. 주의를 기울이는 이 사람은 에너지를 사용하

는 데 집중함으로써 어떤 감퇴를 받아들인다. 이 에너지
는 그의 힘을 확장시키는 게 아니라, 그가 아닌 – 그 자신
과는 무관한 – 한 사람이 존재하도록 할 뿐이다. 이 타인
이 존재하기를 바란다는 것은 공감을 통해 자신이 이 타
인 안으로 옮겨짐을 의미한다. 결과적으로 그는 이 타인
이 처한 무감각한 물질의 상태에 동참하게 된다.

불행을 겪지 않았고 그것이 뭔지도 모르는 사람에게나,
불행을 겪었거나 예감했으며 그 때문에 공포에 사로잡혔
던 사람에게나, 그런 사건은 동일한 수준으로 자연을 거
스르는 현상이다.

빵을 가진 사람이 어떤 굶주린 사람에게 그 한 조각을 내
어 주는 건 놀라운 일이 아니다. 놀라운 건, 물건을 살 때
와는 다른 동작으로 그 일이 행해질 수도 있다는 사실이
다. 초자연적인 성질을 띠지 않는 적선은 물건을 구입하
는 행위와 흡사하다. 적선으로 불행한 이를 구입하는 것
이다.

범죄든 더없이 고결한 미덕이든, 사소한 염려든 원대한
포부든, 그것들을 통해 한 인간이 원하는 바의 본질은 항
상 동일하다. 즉 자유 의지를 발휘해 그것을 원한다는 것
이다. 불행 때문에 자유로운 동의를 박탈당한 타인 안에

이 기능이 존재하기를 원한다는 건, 그 타인 안으로 자신을 옮겨 놓는 것이다. 스스로가 불행에, 곧 자기 자신의 파괴에 동의하는 것이다. 그것은 스스로를 부정하는 행위다. 스스로를 부정함으로써, 창조적인 긍정에 의해 신을 좇아 한 타인을 긍정할 수 있게 된다. 그는 자신을 타인의 몸값으로 내어 준다. 그것은 구원의 행위다.

강자에 대한 약자의 공감은 자연스러운 것이다. 약자는 스스로를 상대방의 자리에 놓음으로써 가상의 힘을 획득하기 때문이다. 그러나 약자에 대한 강자의 공감은 반대로 작용하기에 순리에 어긋난다.

그러므로 강자에 대한 약자의 공감은 이 공감이 상대의 공감을 얻으려고 할 때만 순수하다. 상대가 정말로 관대할 경우에 말이다. 이거야말로 초자연적인 감사이며, 이 감사는 초자연적인 연민의 대상이 됨을 기대하는 것이다. 이런 감사에선 자부심이 조금도 훼손되지 않는다. 불행을 당하고서도 진정한 자부심을 보존하는 것 역시 초자연적이다. 순수한 연민과 마찬가지로 순수한 감사는 본질적으로 불행에 대한 동의다. 불행한 이와 은혜를 베푸는 이 사이에는 상이한 운명으로 인해 무한한 거리가 놓여 있지만 두 사람은 이 동의를 통해 하나가 된다. 둘 사이에는 피타고라스학파가 말하는 우정이 존재하며, 기적적인 조화와 평등이 함께한다.

그와 동시에, 명령할 수 있는 그 어디서도 명령하지 않는 편이 낫다는 걸 두 사람 모두 진심으로 인정한다. 그런 생각이 영혼을 점령하고 우리 행동의 원천인 상상력을 지배한다면, 그거야말로 진정한 믿음이다. 그런 생각은 힘의 모든 원천이 자리하는 이 세상 바깥에 선善을 두기 때문이다. 또한 선을 그 비밀스러운 지점 – 인격의 중심에 자리하며 포기의 원동력이기도 한 – 의 본보기로 인식한다.

예술과 과학에서도 탁월한 것이든 평범한 것이든 이류 생산물은 자기 확장이지만 일류 생산물에 해당하는 작품은 자기 포기다. 우리가 이 진실을 파악하지 못하는 건, 일류 생산물과 번쩍이는 이류 생산물이 뒤섞여 명성을 얻는가 하면, 무차별한 칭송을 받고 심지어 후자가 더 높이 평가되는 일도 잦기 때문이다.

이웃에 대한 사랑은 창조적인 주의력으로 이루어지는바 천재성과도 유사하다.

창조적인 주의력이란, 존재하지 않는 것에 실제로 주의를 기울이는 것이다. 길가에 꼼짝 않고 누워 있는 익명의 육신 속에는 인간성이 존재하지 않는다. 그러나 그 사마리아 사람은 멈춰 서서 바라보며 이 부재하는 인간성에 주의를 기울인다. 그리고 이어지는 행동들은 그것이 참된 주의력임을 증명해 준다.

성 바울로에 따르면, 믿음은 보이지 않는 것들의 실상이다.[5] 주의력이 발해지는 이 순간, 믿음은 사랑만큼이나 현전한다.

전적으로 타인의 재량에 맡겨진 사람이라면, 존재하지 않는 것이나 다름없다. 노예는 주인의 눈에도, 자기 자신의 눈에도 존재하지 않는다. 미국의 흑인 노예는 사고로 손이나 발을 다치면, "상관없어. 그건 주인의 손이고 주인의 발이니까"라고 말했다고 한다. 사회적 존경의 구체화라 할 만한 그 무엇도 소유하지 못한 사람이라면 존재한다고 할 수 없다. 어떤 스페인 대중가요 가사에 이 사실을 말해 주는 놀라운 진실이 담겨 있다. "누구든 눈에 띄지 않는 존재가 되고 싶거든, 가난해지는 것보다 더 확실한 방법은 없다." 그러나 사랑은 눈에 띄지 않는 대상을 본다.

신은 존재하지 않는 것을 생각했고, 그렇게 함으로써 그것이 존재하도록 했다는 것. 매 순간 우리가 존재하는 것은, 사실은 우리가 존재하지 않았음에도 오로지 신께서 우리의 존재를 생각하는 데 동의했기 때문이라는 것. 적어도 우리는 창조를 그런 식으로 – 인간적으로, 따라서 잘못된 방식으로 – 상상한다. 그래도 이 심상은 어떤 진실을 담고 있다. 우리 안에 존재하는 신만이 실제로 불행한 이들이 지닌 인간성을 생각할 수 있는 것이다. 그리고 사물을 바라볼 때와는 다른 시선으로 정말로 그들을 바라보며, 어떤 말에 귀 기울이듯 그들의 목소리에 귀 기울인다. 그러면 그들 또한 자신들이 목소리를 지녔음을 인식한다. 달리 그 사실을 깨달을 기회는 없을 것이다.

어떤 불행한 이에게 정말로 귀 기울이는 게 어려운 만큼, 오로지 연민으로 그에게 귀 기울였는지 알기도 어렵다.

이웃에 대한 사랑은 신께서 인간에게로 내려오는 사랑이다. 그 사랑은 인간에게서 신에게로 오르는 사랑보다 앞서는 사랑이다. 신은 불행한 이들에게로 서둘러 내려오신다. 한 영혼이 동의할 준비가 되자마자, 그 영혼이 아무리 못나고 비참하고 흉할지언정 신은 그 영혼을 통해 불행한 이들을 바라보고 귀 기울일 수 있기 위해 그 안으로 달려오신다. 시간이 지나서야 영혼은 그 현전을 깨닫는다. 영혼이 이 현전을 무어라 명명해야 할지 모른다 해도, 불행한 이들이 그 자체로서 사랑받는 어디서나 신이 현전한다.

불행한 이들을 그저 선을 베풀 기회로만 본다면, 신께 기도한다 해도 신은 현전하지 않는다. 그 순간 그들은 자연적인 역할, 물질과 사물의 역할을 맡고 있기 때문이다. 그들은 비인격적으로 사랑받은 것이다. 무기력한 익명의 상태에 있는 그들에겐 인격적인 사랑을 주어야 하는데 말이다.

그렇기 때문에 신 안에서, 신을 위해 이웃을 사랑한다는 표현은 모호하고 기만적이다. 사람이 아무리 주의를 기울인다 해도, 길가에 헐벗은 몸으로 꼼짝 않고 누워 있는 이 작은 살덩이엔 그저 시선을 주기조차 어려운 법이다. 그 순간엔 신께 생각을 돌릴 겨를이 없다. 피조물을 모조리 잊고 신을 생각해야 하는 순간이 있는가 하면, 피조물을 바라보며 드러내 놓고 신을 생각해서는 안 되는 순간도 있다. 후자의 경우, 우리 안에 자리한 신은 철저히 비밀리에 - 우리에게마저 비밀일 만큼 - 현전해야 한다. 신을 생각하는 것이 오히려 우리를 신에게서 갈라놓는 순간도 있는 것이다. 조심성이야말로 혼인 결합의 조건이다.

참된 사랑의 경우에는 우리가 신 안에서 불행한 이들을 사랑하는 게 아니라, 우리 안에 있는 신께서 그들을 사랑하신다. 우리가 불행에 빠졌을 때는, 우리의 행복을 바라는 이들을 우리 안의 신께서 사랑하신다. 연민과 감사는 신에게서 내려온다. 그것들이 하나의 시선 속에서 서로 교환될 때, 신은 이 시선이 마주치는 지점에 현전한다. 불행한 이와 그 상대는 신으로부터 출발해 신을 통해 서로를 사랑하지만, 신을 향한 사랑 때문에 사랑하는 것은 아니다. 그들은 상대를 향한 사랑 때문에 서로 사랑하는 것이다. 하지만 그건 불가능한 무엇이기에, 오직 신에 의해서만 이루어진다.

굶주린 어느 불행한 이에게 누가 빵을 건네준 것이 신을 향한 사랑 때문이었다면, 그리스도는 그에게 고맙다고 하지 않으실 것이다. 그런 생각을 했다는 것만으로도 그는 이미 보상을 받았기 때문이다. 누구에게 먹을 것을 주고 있었는지 몰랐던 이들에게 그리스도는 고마워하신다.

기부는 불행한 이들을 향한 사랑의 두 가지 가능한 형태 중 하나에 불과하다. 힘은 언제나 상대에게 도움을 주거나 해를 끼친다. 몹시 불평등한 힘의 관계에서 우월한 자는 열등한 자에게 공정한 도움을 주거나 공정한 해를 끼침으로써 공정을 꾀할 수 있다. 전자의 경우엔 자선이 있고, 후자의 경우엔 벌이 있다.

적절한 벌에는 적절한 자선과 마찬가지로 신께서 실재로 현전하시며, 그 둘은 일종의 성사와도 같은 무언가가 된다. 이것 역시 복음서에 분명히 명시되어 있다. "죄 없는 자가 먼저 돌을 던지게 하라"는 말씀이 그것이다. 그런데 그리스도만이 죄가 없는 분이다.

그리스도는 간음한 여인을 용서하셨다. 벌의 기능은 이 땅에서의 삶을 십자가에서 마감하게 될 존재에겐 어울리지 않는 것이다. 그렇다고 그가 형벌을 폐지하라고 하신 건 아니다. 그는 사람들이 계속 돌을 던지도록 허락하셨다. 사실 그런 일이 벌어지는 곳 어디서나 맨 먼저 돌을 던지는 이는 그분이다. 의인이 먹을 것을 내어 주는 비참하게 굶주린 사람 안에 거주하시는 그리스도는, 의인이 벌하는 비참한 사형수 안에도 거주하신다. 그리스도께서 그 사실을 언급하지는 않으셨지만, 그 자신이 보통법에 의해 유죄 판결을 받고 죽음으로써 이를 충분히 보여주셨다. 그는 사형수들의 신성한 모범이다. 청년가톨릭노동자연맹에 소속된 젊은 노동자들이 그리스도께서 자신들 가운데 한 명이었다는 사실에 도취되듯, 사형수들 역시 당연히 똑같은 도취감을 맛볼 수 있을 것이다. 우리는 노동자들에게 그렇게 하듯 그들에게도 그 사실을 말해 주어야할 것이다. 어떤 의미에서 그리스도는 순교자들보다 그들에게 더 가깝다.

사람을 죽이는 돌이든 사람을 먹이는 한 조각 빵이든, 그 출발점과 도착점에 그리스도께서 현전하신다면 그 둘은 정확히 똑같은 효능을 지닌다. 삶을 선사하는 것과 죽음을 선사하는 것이 동일하다는 것이다.

힌두교 전설에 따르면, 삼위일체 제2위격의 육화인 라마왕은 그의 백성 사이에서 일어나는 물의를 막기 위해 애석한 마음을 누른 채 천민 계급의 한 남자를 죽여야 했다. 그는 법을 어기고 종교적인 금욕 수행에 탐닉한 자였는데, 왕 자신이 그를 찾아가 단칼에 죽여 버렸다. 그러자 곧 죽은 자의 영혼이 왕 앞에 나타나 발치에 엎드리며 그 복된 칼과의 접촉으로 입게 된 크나큰 영광에 감사했다. 그 처벌은 어떤 의미에서 전적으로 부당했음에도, 신의 손이 직접 감행한 합법적인 것으로 온전히 성사의 효능을 지녔던 것이다.

법적인 성격을 띠는 어떤 처벌이 진정한 의미를 지니려면 거기에 종교적인 무언가가 부여되어야 하며, 그 처벌은 성사와도 유사한 것이 되어야 한다. 그리하여 재판관의 기능에서부터 형을 집행하는 이와 간수의 기능에 이르기까지, 형벌과 관련된 모든 직무는 어떤 식으로든 성직의 성격을 지녀야 한다.

정의는 은혜를 베풀 때 드러나듯, 벌을 내릴 때도 마찬가지로 명확히 드러난다. 정의는 불행한 이를 사물이 아닌

한 존재로 보며 주의를 기울이고, 그가 자유로운 동의의 기능을 보존하기를 바란다.

사람들은 범죄를 경멸한다고 믿으면서 실제로는 무기력한 불행을 경멸한다. 죄와 불행이 동시에 닥친 존재를 보면, 그들은 범죄를 경멸한다는 핑계로 불행을 경멸하는 행태에 빠지는 것이다. 그리하여 그 존재는 엄청난 경멸의 대상이 되는데, 이 경멸은 주의를 기울이는 것과는 정반대다. 모종의 이유로 위세를 떨치게 된 범죄만은 예외다. 흔히 일시적인 힘을 함축하는 살인의 경우가 그러하며, 이런 범죄는 그것을 심판하는 이들에게 죄라는 관념을 강렬히 부추기지 않는다. 도둑질이야말로 위엄을 깡그리 박탈당한 범죄로서 사람들을 격분시킨다. 소유권은 가장 일반적이고도 가장 강력한 집착의 대상이기 때문이다. 이 사실은 형법에서도 드러난다.

정말이든 아니든 죄를 지은 것으로 보이는 인간, 몇몇 증인의 몇 마디 말이 그 운명을 완전히 결정하게 될 인간보다 더 비참한 경우는 없다. 그 사람들은 그에게 주의를 기울이지 않는다. 한 인간이 형벌 기구의 손에 들게 되면 거기서 벗어날 때까지 – 매춘부를 비롯해 이른바 상습범들은 죽을 때까지 거의 벗어나지 못하지만 – 그 누구도 그에게 주의를 기울이지 않게 된다. 모두가 보기에, 심지어 그 자신이 보기에도 만사가 결합해 – 몹시 사소한 것들마저, 목소리의 억양마저 – 그를 비루한 무언가로, 쓰레기 같은 대상으로 만들어 버리는 것이다. 그를 향한 거칠고 경박한 태도, 경멸의 언사와 농담, 말하는 방식, 듣는 방식과 듣지 않는 방식, 그 모든 게 효력을 발휘한다.

거기에 무슨 고의적인 악의가 있는 건 아니다. 그것들은 불행의 형태로 인식된 – 끔찍한 실추가 적나라하게 드러난 – 범죄를 상대하는 직업 생활의 무의식적인 결과다. 그런 불행을 끊임없이 접하다 보면 필연적으로 오염되기 마련이고, 이 오염의 형태가 경멸이다. 바로 이 경멸이 피고인 개개인에게로 튀게 되는 것이다. 형벌 기구는 어떤 전달 장치와도 같아서, 불행한 범죄가 거주하는 전체 환경의 무수한 오염들이 피고인 각자에게로 튀게 만든다. 이 형벌 기구와의 접촉 자체에 모종의 공포가 깃들어 있는데, 이 공포는 때 묻지 않은 영혼의 부분과 무구함에 철저히 비례한다. 그러므로 완전히 타락한 자들이라면 그 때문에 상처를 입지도, 고통을 겪지도 않는다.

형벌 기구와 범죄 사이에 오염을 정화하는 무언가가 없다면 앞서 말한 상황이 벌어지고야 만다. 이 무언가는 신일 수밖에 없다. 무한한 순결만이 악을 접해서도 오염되지 않는다. 이 접촉이 길어질 경우, 유한한 순결이라면 그 자체가 오염물이 되어 버린다. 법규를 이러저러하게 바꾼다 해도, 그리스도를 통하지 않고 이루어지는 처벌은 인간다울 수 없다.

처벌의 강도가 주요 쟁점이라 할 수는 없다. 현 상황에서는 유죄 선고를 받은 자가 실제로 죄가 있고, 그 죄에 비해 비교적 가벼운 형을 받게 되었을지라도 종종 잔인한 불의의 희생자로 간주됨이 마땅할 수도 있다. 그 벌이 정당한지, 즉 직접적으로 법에 근거한 것인지가 중요하다. 이 법은 그 내용에 있어서가 아니라 법 자체로서 신성한 성격을 인정받아야 한다. 모든 형법 기관은 법관들과 그 보좌관들에게서 피고에 대한 주의력과 존중심을 – 인간이라면 자신의 재량에 맡겨진 누구에게라도 마땅히 가져야 하는 – 끌어내는 것을 목적으로 삼는다. 그런가 하면 피고로부터는 부과된 벌에 대한 동의 – 무구한 그리스도께서 완벽한 모범을 보여주신 그 동의 – 를 끌어냄이 중요하다.

가벼운 죄에 대해 사형을 선고받더라도 이런 식으로 부과된 형이라면, 오늘날 징역 6개월을 선고받는 것보다 덜 끔찍할 수 있다. 피고가 자신의 말밖에는 기댈 데가 없는 상황에서 사회적 신분과 교양의 부족 탓에, 또 죄의식과 불행과 공포에 넋이 나가 재판관들 앞에서 말을 더듬는

데, 재판관들은 귀 기울이지 않고 세련된 어법을 과시하면서 그의 말을 가로막는, 너무도 흔한 이 광경보다 더 끔찍한 것은 없다.

사회생활에 불행이 존재하는 한, 또 적선 – 법으로 정해진 것이든 사적인 것이든 – 과 벌이 불가피하다면, 세속의 기관들과 종교 생활 사이의 분리는 범죄라 할 만하다. 종교와 무관한 견해는 그 자체로서 완전히 잘못된 것이다. 그것은 전체주의적 종교에 대한 반작용으로서만 일말의 정당성을 지닌다. 이 점과 관련해선 그런 견해도 한편으로는 정당하다는 걸 인정해야만 한다.

종교가 마땅히 그래야 하듯 어디서나 현전할 수 있으려면 전체주의적인 것이 되어선 안 될 뿐 아니라, 종교라는 이름에 적합한 초자연적 사랑의 차원에 엄격히 제한되어야 한다. 그렇게 할 경우 종교는 어디로든 침투해 들어갈 것이다. "지혜는 그 완벽한 순수함으로 어디든 침투해 들어간다"[6]고 성서는 말한다.

그리스도께서 부재하실 경우, 광범위한 의미에서의 구걸과 형벌은 아마도 이 땅에 존재하는 가장 끔찍한 무언가가 될 것이다. 그것들은 지옥을 방불케 한다. 거기에 매춘을 추가할 수도 있다. 진정한 결혼에 대한 매춘의 관계는,

올바른 적선과 벌에 대한 사랑 없는 적선과 벌의 관계와
도 같다.

인간은 동류인 다른 인간의 육신뿐 아니라 영혼에도 선이
나 악을 행할 수 있는 힘을 부여받았다. 신께서 현전하지
않은 인간들의 영혼 전체에, 또 다른 경우엔 신께서 깃들
지 않은 영혼의 일부에 그럴 수 있다. 악의 힘으로, 혹은
그저 육의 메커니즘에 의해 신께서 깃들게 된 인간이 무
언가를 내어 주거나 상대를 벌할 경우, 그가 내면에 지니
고 있는 것이 빵 또는 검을 통해 상대의 영혼 속으로 들어
간다. 빵이나 쇠라는 물질은 선도 악도 부재하는 백지와
같아서 선도 악도 무차별하게 전달할 수 있다. 불행으로
인해 빵을 받든지 공격을 당할 수밖에 없는 사람은 그 영
혼이 선과 악에 동시에 무방비 상태로 노출되어 있는 것
이다.

그런데 오로지 선한 것만 받을 수 있는 방법이 있다. 순수
한 자애의 부추김을 받아 행동하지 않는 사람들은 무감
각한 물질이 그러하듯 세상의 질서를 따르는 톱니바퀴라
는 사실을, 추상적인 방식으로가 아닌 온 영혼으로 인식
하는 것이다. 우리가 그것을 아는 순간, 모든 게 곧장 신
으로부터 온다. 인간의 사랑을 통해서든 무감각한 물질
을 – 만질 수 있는 것이든 심리적인 것이든 – 통해서든

말이다. 모든 게 영 혹은 물을 통과한다. 우리 안의 생명력을 확장시키는 거라면 뭐든 의인들이 내어 준 빵 – 그리스도께서 고마움을 표하신 – 과 같다. 불운과 상처, 훼손은 모두 그리스도께서 우리에게 직접 던지신 어떤 돌이다. 빵도 돌도 그리스도에게서 오며, 우리의 존재 내부로 침투해 우리 안에 그리스도께서 들어오시게 한다. 빵과 돌은 사랑이다. 우리는 빵을 먹고 스스로를 돌에 내어주어야 한다. 그 돌이 우리의 육신 속으로 최대한 깊이 들어와 박히도록 말이다. 그리스도께서 던지신 돌들로부터 우리의 영혼을 보호해 줄 갑옷을 입고 있다면, 그것을 벗어 던져야 한다.

세상의 질서에 대한 사랑

세상의 질서에 대한 사랑, 세상의 아름다움에 대한 사랑은 그렇게 이웃에 대한 사랑의 보완물이다.

그 사랑은 신의 창조적 포기를 본뜬 동일한 포기로부터 온다. 신은 명령할 힘이 있음에도 그러지 않겠다고 동의함으로써 이 우주를 존재하게 하셨다. 그리고 자신을 대신해 한편으로는 물질 – 정신적 물질인 영혼을 포함해 – 과 결부된 기계적 필연성이, 다른 한편으로는 사고하는 인간들에게 반드시 필요한 자율성이 다스리도록 하셨다.

이웃에 대한 사랑을 통해, 우리는 우리 자신을 포함해 모든 인간을 창조하신 신의 사랑을 모방한다. 그리고 세상의 질서에 대한 사랑을 통해, 우리가 속한 이 우주를 창조하신 신의 사랑을 모방한다.

인간은 물질과 영혼에 명령할 수 있는 힘이 없기에 그것들에 대한 명령을 포기할 필요도 없다. 그러나 가상의 재현물인 이 힘, 가상의 신성神性을 신께서 그에게 부여하셨다. 피조물일지언정 인간 역시 이 신성을 비울 수 있도록 말이다.

신은 우주 밖에 존재하시면서 실제로 그 중심에도 동시에 존재하시는데, 인간 역시 저마다 세상의 중심에 가상의 한 위치를 점하고 있다. 그는 착각에 빠져 스스로를 공간의 중심에 두는 것이다. 그런가 하면 유사한 착각에 빠져 왜곡된 시간 의식을 갖게 되고, 또 다른 유사한 착각에 의해 주변에 온갖 가치의 위계질서를 만들어 낸다. 이 가치 의식과 존재 의식이 우리 안에서 긴밀히 연결됨에 따라 이런 착각은 존재감으로까지 확장된다. 이 '존재'는 우리로부터 멀어져 감에 따라 차츰 그 밀도를 잃어 간다.

우리는 공간의 형태를 지닌 이 착각을 원래의 자리로, 망상이라는 자리로 끌어내린다. 그렇게 해야만 한다. 그러지 않으면 단 하나의 대상도 인지할 수 없을 것이며, 충분한 확신을 가지고 의식적으로 단 한 발 내딛는 것마저 불가능해질 것이다. 그렇게 신은 우리의 온 영혼을 변화시킬 작용의 본보기를 마련해 주신다. 어린 시절 우리는 이런 착각에 빠진 공간 의식을 끌어내리고 억압하라고 배우는데, 시간과 가치에 대한 의식, 존재 의식과 관련해서도 그렇게 해야 한다. 그러지 않으면 공간 외에도 다른 모든 점과 관련해 우리는 단 하나의 대상을 분별할 수도, 단 한 발을 내디딜 수도 없다.

우리는 비현실 속에, 꿈속에 있는 것이다. 우리를 가상의 중심 자리에 두지 않는 것, 지성은 물론 상상력을 발휘하는 영혼의 부분에 있어서도 그렇게 하는 것이야말로 현실과 영원에 눈뜨는 것이며, 진정한 빛을 보고 진정한 침묵을 듣는 것이다. 그렇게 되면 감수성의 뿌리 자체에서 변화가 일어나, 감각적인 인상과 심리적인 인상을 즉각적으로 받아들이게 된다. 저녁에 길 위에 웅크리고 있는 한 남자를 보았다고 생각한 장소에서 갑자기 나무 한 그루를 알아보게 되는 것과도 흡사하다. 혹은 소곤대는 소리를 들었다고 생각했는데 바스락거리는 이파리 소리를 분간한다든지, 똑같은 색깔을 보고 똑같은 소리를 들어도 그 방식이 달라진다.

자신의 거짓 신성을 비우는 것, 스스로를 부정하는 것, 상상 속에서 세상의 중심이 되기를 단념하는 것, 세상의 모든 지점이 동일한 자격을 지닌 중심점들이라는 것과 진정한 중심점은 세상 밖에 있음을 인지하는 것, 그거야말로 물질 속에 내재된 기계적 필연성의 지배에 동의하는 것이며, 각 영혼의 중심에서 일어나는 자유로운 선택의 지배를 받아들이는 것이다. 이 동의가 바로 사랑이다. 생각하는 개인들을 향해 돌려진 이 사랑의 얼굴이야말로 이웃에 대한 사랑이다. 물질을 향해 돌려진 얼굴은 세상의 질서에 대한 사랑이다. 혹은 같은 말이긴 해도, 세상의 아름다움에 대한 사랑이다.

고대 문명에서는 사람들의 생각에서 세상의 아름다움에 대한 사랑이 큰 자리를 차지했으며, 그 사랑이 어떤 놀랍도록 아름다운 시詩로 삶 전체를 에워싸고 있었다. 중국, 인도, 그리스를 비롯해 모든 민족이 그러했었다. 원시 그리스도교, 특히 성 요한의 생각과도 몹시 가까웠던 그리스 스토아주의는 경이로운 무엇이었는데, 거의 전적으로 세상의 아름다움에 대한 사랑이었다. 이스라엘의 경우는 구약성서의 몇 군데, 시편과 욥기, 이사야서, 지혜서가 세상의 아름다움에 대한 비길 데 없는 표현을 담고 있다.

성 프란체스코의 경우를 보더라도, 그리스도교적 사고에

서 세상의 아름다움이 어떤 비중을 차지하는지 알 수 있다. 그의 시詩만 완벽한 것이 아니라, 그의 삶 전체가 생동하는 완벽한 시였다. 예컨대 고독한 은거나 수도원 설립을 위한 장소의 선택 자체가, 행동으로 표출된 더없이 아름다운 시였다. 그에게는 방랑과 가난이 시였다. 그는 세상의 아름다움과 직접 접하기 위해 벌거숭이가 된 것이다.

십자가의 성 요한의 글에서도 우리는 세상의 아름다움을 노래한 몇 편의 아름다운 시를 발견한다. 그러나 아마도 중세의 잊혀진 것들 속에 묻혀 전혀 혹은 거의 알려지지 않은 보물들을 제외하면, 일반적으로 그리스도교 전통에서는 세상의 아름다움이 거의 부재한다고 할 수 있다. 이상한 일이다. 그 이유를 이해하기는 어렵다. 심각한 결함이다. 그리스도교가 우주 자체를 결하고 있다면 어떻게 스스로를 보편적이라고 말할 권리가 있단 말인가?

복음서에도 세상의 아름다움이 거의 언급되지 않는 게 사실이다. 그러나 성 요한의 말대로 몹시 짧은 그 텍스트에 그리스도의 모든 가르침을 담는 건 어림없는 일이다. 제자들은 사방에 만연해 있던 그 감정을 굳이 기록해야 할 필요성을 느끼지 못했던 게 확실하다.

그래도 두 차례에 걸쳐 이 문제가 언급되기는 한다. 하나는, 백합과 새들로부터 미래에 대한 무관심과 운명에 대한 순종을 보고 따르라는, 그리스도께서 주신 가르침이다. 또 하나는, 햇빛과 비가 모두에게 차별 없이 골고루 베풀어짐을 보고 따르라는 가르침이다.

르네상스는 그리스도교를 넘어 고대와 영적 유대를 새롭게 맺는다고 믿었지만, 사실은 고대로부터 그 영감의 부차적인 산물, 곧 예술과 과학, 인간적인 것들에 대한 호기심을 취했을 뿐이다. 그러면서 그 중심을 이루는 영감은 거의 건드리지 않았다. 세상의 아름다움과의 접촉점을 되찾지는 못한 것이다.

11세기와 12세기에 시작된 어떤 부흥의 움직임, 특별히 랑그독 지방에서 싹터 시작된 움직임이 열매를 맺었더라면 진정한 르네상스가 되었을 것이다. 봄을 노래한 음유 시인들의 일부 시는, 그리스도교적 영감과 세상의 아름다움에 대한 사랑이 분리되어 있지 않았음을 추측하게 해준다. 프랑스 남부 옥시타니아 지방의 정신은 이탈리아에 흔적을 남겼고, 프란체스코회의 정신과도 무관하지 않았을 것이다. 그러나 우연의 일치든 아니면 더 그럴듯해 보이는 인과 관계에 의해서든, 그 싹들이 알비 십자군 전쟁 이후에는 흔적만 남았을 뿐 그 어디에서도 살아남지 못했다.

오늘날 백인들은 세상의 아름다움에 대한 감수성을 거의 잃어버렸고, 그들이 무기와 장사와 종교를 가져다 놓은 대륙마다 그 감수성이 사라지게 만들었다. 그리스도께서 바리새인들에게 "너희에게 화가 있을 것이다! 너희는 지식의 열쇠를 앗아가 버렸다. 그렇게 너희도 그 안으로 들어가지 않으면서 다른 이들마저 들어가지 못하게 만든다"[7]라고 말씀하셨듯이 말이다.

하지만 우리 시대의 백인 국가들에서는 세상의 아름다움이야말로 신께서 뚫고 들어올 수 있는 거의 유일한 길이다. 다른 두 길로부터는 훨씬 멀어져 있기 때문이다. 종교 의례에 대한 참된 사랑과 존경은 거기에 열성을 바치는 이들에게조차 드물며, 다른 이들에게서는 거의 찾아볼 수 없는 현상이다. 대다수의 사람들은 그게 가능하다는 상상조차 할 수 없다. 불행의 초자연적 사용과 관련해서는, 연민과 감사는 드문 일일 뿐 아니라 오늘날 사람들에게 거의 이해할 수 없는 말이 되어 버렸다. 그 개념 자체가 사라진 것이나 다름없고, 단어의 의미마저 타락하고 만 것이다.

그렇더라도 아름다움의 감정은, 비록 훼손되고 왜곡되고 더럽혀졌을지언정 인간의 마음속에 강력한 원동력으로 고스란히 남아 있다. 그 감정은 세속적 삶의 모든 관심사에 존재한다. 그것이 진정성을 띤 순수한 것이 된다면, 세속의 삶을 통째로 신의 발치에 옮겨다 놓음으로써 믿음의 완전한 구현을 가능케 할 것이다.

일반적으로 세상의 아름다움은 가장 보편적이며 가장 쉽고 가장 자연스러운 길이다.

어떤 영혼이든 살며시 열리기 무섭게, 신은 그 영혼을 통해 불행한 이들을 사랑하고 섬기기 위해 그 안으로 서둘러 들어오신다. 또한 신은 그 영혼을 통해 자신의 창조물이 지닌 감각적인 아름다움을 사랑하고 찬미하기 위해 서둘러 들어오시기도 한다.

하지만 그 반대가 더한층 진실에 부합한다. 아름다움을 사랑하는 영혼의 자연스러운 성향은, 이 영혼이 천상의 숨결을 향해 열리도록 신께서 가장 자주 사용하시는 덫인 것이다.

그것이 바로 코레가 걸린 덫이다. 수선화의 향기가 저 위하늘과 땅과 부풀어 오른 바다 전체를 미소 짓게 한 것이다. 가엾은 아가씨는 손을 내밀자마자 덫에 걸리고 말았다. 살아 계신 신의 손에 떨어진 것이다. 거기서 빠져나왔을 때는 이미 자신을 영원히 묶어 두는 석류 열매를 먹은 뒤였다. 그녀는 더 이상 처녀가 아닌 신의 아내였다.

세상의 아름다움은 미로의 입구다. 경솔한 자가 그 안으로 들어가 몇 발 떼고 나면 잠시 뒤 입구를 찾을 수 없게 된다. 그는 암흑 속에서, 먹고 마실 아무것도 없이, 가까운 이들과 사랑하는 것들과 자신이 아는 모든 것에서 떨어져 나와 지친 몸으로 영문도 모르는 채 희망 없이 걸어간다. 자신이 정말로 걷고 있는지, 아니면 제자리에서 맴도는 것인지조차 알 수 없는 채로. 하지만 이 불행은 그를 위협하는 위험에 비하면 아무것도 아니다. 그가 용기를 잃지 않는다면, 계속 걷는다면, 결국 미로의 중심에 다다를 것이 확실하다. 그런데 바로 그곳에서 신은 그를 먹어 치우기 위해 기다리신다. 나중에 그가 밖으로 나올 땐 이미 신에게 먹히고 소화되고 달라져, 다른 사람이 되어 있을 것이다. 그러고 나면 그는 입구 옆에 남아, 다가오는 이들을 천천히 그 안으로 밀어 넣을 것이다.

세상의 아름다움은 물질 자체의 속성이 아니다. 그것은 세상이 우리의 감성 – 우리의 몸과 영혼의 구조에서 기인하는 – 과 맺는 관계다. 볼테르의 '미크로메가스', 생각하는 이 적충滴蟲은 우리가 우주에서 누리는 아름다움에 전혀 접근할 수 없을 것이다. 그런 존재가 정말로 있다면 세상은 그들에게도 아름다울 것이라 우리는 믿어야겠지만, 그건 또 다른 차원의 아름다움일 것이다. 어쨌거나 우리는 우주가 모든 면에서 아름답다는 믿음을 가져야 한다. 보다 일반적으로는, 실제로 존재하거나 존재 가능한 모든 사고하는 존재의 육체적·심리적 구조에 비해 우주는 충만한 아름다움을 지니고 있다고 말이다. 그처럼 무수히 많은 완벽한 아름다움이 일치를 이룰 때 세상의 아름다움은 초월적 성격을 띠게 된다. 그렇다손 쳐도, 우리가 느끼는 이 아름다움은 우리 인간의 감성을 대상으로 하는 것이다.

세상의 아름다움은 신의 지혜가 창조에 협력하는 것이다. "제우스가 만물을 지었고, 바쿠스가 만물을 완수했다"라고 오르페우스의 한 시구는 말한다. '완수'란 아름다움의 창조다. 신이 우주를 창조했고, 우리의 맏형인 그의 아들이 우리를 위해 그 아름다움을 창조한 것이다. 세상의 아름다움이란, 물질을 통해 그리스도가 우리에게 보내는 다정한 미소다. 그 미소는 우주의 아름다움 속에 실제로 현전한다. 이 아름다움에 대한 사랑은 신으로부터 우리의 영혼 안으로 내려와, 우주 안에 현전하는 신에게로 향한다. 그것은 성사와도 같은 무엇이다.

오직 우주의 아름다움이 그렇다는 말이다. 신을 제외하곤 전체 우주만이 정확한 의미에서 아름답다고 불릴 수 있다. 우주 안에 존재하며 우주보다 못한 것들 역시 모두 아름답다고 불릴 수는 있어도, 그러려면 이 말을 일정한 의미 너머로 확대시켜야 한다. 즉 아름다움에 간접적으로 참여하는 것들, 아름다움의 모방인 것들로 말이다.

이 모든 부차적인 아름다움은 우주의 아름다움을 이해하기 위한 수단으로서 무한한 가치를 지닌다. 그러나 우리가 거기서 멈춰 서면 그것들은 오히려 장막이 되며, 따라서 유해한 것이 되고 만다. 그것들은 어느 정도, 몹시 다양한 수준의 미혹을 내포한다.

아름다움과는 전혀 무관한 수많은 유혹의 요소가 있는데, 우리가 식별력을 결할 경우 그 요소를 담고 있는 것들을 아름답다고 부르게 된다. 실제로 그것들은 교묘한 속임수로 사랑을 불러일으키고, 사람들은 모두 자신이 사랑하는 거라면 뭐든 아름답다고 부른다. 더없이 무식한 자든 더없이 천박한 자든, 사람은 누구나 아름다움만이 우리의 사랑을 받을 권리가 있음을 안다. 진정으로 위대한 인물들 역시 그 사실을 안다. 누구도 아름다움과 무관할 수 없다. 사랑하는 대상을 찬양하려는 순간, 아름다움을 묘사하는 말들이 모두의 입술에 떠오르기 마련이다. 그 아름다움을 제대로 식별하느냐 못 하느냐가 문제일 따름이다.

이 땅에선 오직 아름다움만이 합목적성을 지닌다. 칸트가 정확히 지적했듯 어떤 목적도 내포하지 않는 합목적성이다. 아름다운 대상은 그 자체 외에는, 우리 눈에 그렇게 보이는 것 외에는 어떤 선善도 내포하지 않는다. 우리는 거기서 무얼 구해야 할지 모르는 채 그 대상을 향해 간다. 그것은 자신의 존재를 우리에게 바친다. 우리는 달리 갈구하는 게 없기에 그것을 소유하지만 그러면서도 여전히 갈구한다. 무얼 갈구하는지는 전혀 모른다. 아름다움의 이면으로 들어가 보고 싶어도, 그것은 표면이 전부다. 그것은 거울과 같아서 선에 대한 우리 자신의 갈망을 되비출 뿐이다. 그것은 스핑크스며, 수수께끼며, 애간장을 태우는 신비다. 우리가 그것을 양분으로 삼고자 해도 그것은 그저 바라보아야 할 대상이며 일정한 거리에서만 모습이 보인다. 인생의 크나큰 고통은, 보는 것과 먹는 것은 별개의 행위라는 사실이다. 오로지 하늘 저편 신께서 거주하는 고장에서만 둘은 하나의 동일한 행위다. 한참 동안 케이크를 바라보기만 하다가 결국 참지 못하고 먹게 된 아이들도 이런 고통을 느낀다. 악덕과 타락과 범죄는 거의 언제나 혹은 본질적으로 예외 없이 아름다움을 먹으려는 - 그저 바라보아야만 하는 것을 먹으려는 - 시도다. 이브가 시발점이었다. 그녀가 어떤 열매를 먹음으로써 인간성을 잃었다면, 반대로 그 열매를 먹지 않고 바라보는 것이야말로 구원의 행동일 것이다. "날개 달린 두 친구, 두 마리 새가 어느 나뭇가지에 앉아 있다. 한 새는 그 열매를 먹고, 다른 한 새는 바라본다"라고 『우파니샤드』에 쓰여 있다. 그 두 새는 우리 영혼의 두 부분이다.

아름다움은 어떤 목적도 내포하지 않기에, 그거야말로 지상에서 유일한 합목적성을 이룬다. 사실 이 땅에 목적은 어디에도 존재하지 않는다. 우리가 목적이라 여기는 모든 것이 사실은 수단이다. 이 점은 명백한 진리다. 돈은 구매의 수단이고, 권력은 명령의 수단이다. 우리가 선善이라 부르는 모든 것이 정도의 차이는 있어도 마찬가지다.

아름다움만이 다른 무언가를 위한 수단이 아니다. 아름다움만이 우리가 그 안에서 무슨 선을 발견하지 않아도 그 자체로서 선하다. 아름다움은 그 자체가 하나의 약속이며, 무슨 선이 아닌 듯 보인다. 그것은 스스로를 내어 줄 뿐 다른 무언가를 주는 법이 없다.

그렇긴 해도 아름다움은 유일무이한 합목적성인 만큼 그것은 인간이 추구하는 모든 것에 내재해 있다. 지상에 존재하는 것은 하나같이 수단에 불과하기에 그 모두가 그저 수단을 추구한다 해도, 아름다움은 그것들에 합목적성의 광채를 부여한다. 그렇지 않다면 이곳에 갈망은 존재하지 않을 것이며, 따라서 무언가를 추구하려는 동력도 없을 것이다.

아르파공 같은 수전노에게는 세상의 모든 아름다움이 황금 속에 갇혀 있다. 반짝이는 순수한 물질인 금은 실제로 아름다운 무엇이다. 그런데 황금이 화폐로 쓰이지 않게 되자 이런 유의 탐욕도 사라진 듯하다. 오늘날 소비하지 않고 축적하는 이들은 권력을 추구한다.

부를 추구하는 이들 대다수는 부를 호사豪奢의 개념과 연결 짓는다. 호사는 부의 합목적성이다. 호사는 인류에게 아름다움 자체이다. 호사는 주변에 어떤 분위기를 형성해, 오직 그 안에서 사람들은 우주가 아름답다는 걸 막연히 느낄 수 있다. 성 프란체스코는 우주의 아름다움을 느끼기 위해 방랑자요 걸인이 될 필요가 있었듯 말이다. 두 경우 모두 세상의 아름다움이 똑같이 직접적이고 순수하고 충만하게 와 닿는다면 마찬가지로 정당한 수단이라 하겠다. 그러나 다행히 신은 그렇게 되는 걸 원치 않으셔서, 가난이 특권을 누린다. 그것이 신의 섭리인데, 이 섭리가 없었다면 세상의 아름다움에 대한 사랑은 이웃에 대한 사랑과 쉽사리 모순을 이루었을 것이다. 그렇더라도 가난에 대한 혐오는 – 부의 감소는 모두 가난으로 여겨질 수 있으며, 심지어 부가 늘지 않을 때도 마찬가지다 – 본질적으로 추함에 대한 혐오이다. 이런저런 상황으로 인해 세상의 아름다움에 대해 어렴풋이나마 혹은 거짓을 통해서라도 전혀 느끼지 못하게 된 영혼은 뼛속까지 어떤 혐오감에 사로잡힌다.

권력에 대한 사랑은 주변 사람들과 사물들 사이에 크건 작건 어떤 질서를 세우려는 욕구에 해당하는데, 이 질서를 바라게 되는 건 미의식美意識의 결과다. 호사의 경우처럼 이 경우 역시 어떤 한정된 환경 – 흔히는 우리가 무한정 확장시키고 싶어 하는 – 을 정돈해 거기에 우주적 아름다움의 느낌을 부여하고자 한다. 우리가 정비하는 이 환경은 우주가 아닌데도 우리는 우주적 아름다움과의 접촉을 갈구한다는 것, 그것이 바로 불만족과 확장욕의 원인이다. 이 환경은 우주가 아니라 우주를 감추고 있다. 우리를 에워싼 우주는 연극의 무대 장치와도 같다.

발레리는 '세미라미스'Sémiramis라는 제목의 시에서 폭정의 행사와 아름다움에 대한 사랑 사이의 연관성을 섬세하게 그려 내고 있다. 루이 14세는 권력의 확장을 위한 도구인 전쟁 이외에는 축제와 건축에만 관심이 있었다. 사실 전쟁 자체도, 특히 과거에 행해졌던 그런 전쟁은 아름다움에 대한 감각을 생생하고도 비장한 방식으로 일깨워 준다.

예술은 인간이 빚어낸 한정된 양의 물질 속에 전체 우주가 지닌 무한한 아름다움의 어떤 이미지를 옮겨 놓으려는 시도다. 시도가 성공할 경우, 해당 물질은 우주를 감추는 게 아니라 오히려 그 실제 모습을 주변에 드러내 보인다.

예술 작품이 세상의 아름다움에 대한 순수하고도 정확한 반영反影이 아닐 경우, 그 아름다움을 향해 곧장 열리는 문이 아닐 경우, 정확히 말해 그것은 아름답다고 할 수 없다. 일류 작품은 아닌 것이다. 작품을 만든 이는 탁월한 재능을 가졌을지언정 진정한 천재는 아니다. 가장 유명하고 가장 찬양받는 작품들 가운데도 상당수가 그러하다. 진정한 예술가는 세상의 아름다움을 매개 없이 직접적이고 실질적으로 접한 사람이며, 이 접촉은 성사와도 같은 무엇이다. 모든 일류 예술 작품은 그 주제가 아무리 세속적이어도 신께서 영감을 불어넣으신 것이다. 그 밖의 작품들에는 신의 영감이 들어 있지 않다. 그 작품들 가운데 일부가 발하는 아름다움의 광채는 분명 악마적인 광채일 수 있다.

과학은 세상의 질서에 대한 연구와 이론적인 재구축을 목적으로 한다. 인간의 정신적·심리적·육체적 구조와 관련된 세상의 질서다. 일부 학자들의 소박한 환상과는 반대로, 망원경이나 현미경 혹은 더없이 독특한 대수학 공식의 사용도, 비非모순 원칙에 대한 경멸조차도, 그 구조의 한계로부터 벗어나도록 해주지는 못한다. 사실 그런 환상은 바람직하지도 않다. 과학의 대상은, 우리의 형제로서 우주 속에 자리한 '지혜'의 현전인 것이다. 즉 세상을 이루는 물질을 통해 현전하시는 그리스도다.

우리는 엄격히 규정된, 헤아릴 수 있고 제한된 자료에서 출발해 스스로 세상의 질서를 이미지로 재구축한다. 추상적이기에 우리가 다루기 쉬운 그 조항들 사이에서 우리는 다양한 관련성을 상상해 내고 스스로 그것들을 연결 짓는다. 그렇게 우리는 우주의 실체이기도 한 필연성 - 그러나 우리에게 타격을 가함으로써만 모습을 드러내는 - 을 어떤 이미지로, 곧 주의를 기울이는 우리의 행동에 의해 결정되는 이미지로 응시할 수 있게 된다.

어떤 사랑 없이 무언가를 응시할 수는 없다. 세상의 질서를 보여주는 이 이미지를 응시함은 세상의 아름다움과의 어떤 접촉을 의미한다. 세상의 아름다움이란, 사랑받는 세상의 질서다.

육체노동은 세상의 아름다움과의 특별한 접촉이다. 그 최고의 순간들에는, 다른 데서는 찾아볼 수 없는 충만한 접촉이 되어 주기까지 한다. 예술가, 학자, 사상가, 명상가가 실제로 우주를 사랑하려면 비현실의 그 얇은 막을 뚫고 들어가야 한다. 그런데 거의 모든 이에게, 그들의 거의 모든 삶의 순간에, 그 막에 가려진 우주는 어떤 꿈이나 연극 무대가 되어 버린다. 그러니 그들은 그 막을 뚫고 들어가야 하는데 대개는 그러지 못한다. 고단한 노동의 하루, 곧 물질에 종속되어 있었던 하루를 보낸 뒤 기진맥진한 사람은 실재하는 우주를 가시처럼 자신의 몸 안에 품고 있다. 그에게 어려운 것은, 바라보고 사랑하는 것이다. 그것을 해낼 수 있다면 그는 현실 세계를 사랑하게 된다.

그것은 신께서 가난한 이들을 위해 마련하신 엄청난 특권이다. 그러나 막상 그들은 그 사실을 거의 알지 못한다. 누가 그들에게 그런 말을 해주지도 않는다. 과로와 돈 걱정에 시달리고 진정한 교양이 부족한 탓에 그 사실을 깨닫지도 못한다. 그들의 처지가 조금만 달라진다면 어떤 보물에 접근할 수 있는 길이 열릴 텐데 말이다. 허다한 경우, 인간이 인간에게 그 보물을 마련해 주기란 얼마나 쉬운 일인지 모른다. 그럼에도 그런 수고를 하지 않고 어떻게 수세기가 지나가게 할 수 있는지, 그것을 보면 비통한 마음이 든다.

오늘날 우리가 민간전승이라는 이름으로 그 파편을 소중히 수집하고 있는 어떤 대중 문명이 존재했던 시기에, 사람들은 분명 이 보물에 접근할 수 있었다. 민간전승과 동류인 신화야말로, 우리가 그 시정詩情을 간파할 수만 있다면 그 사실을 증명해 준다.

육체적 사랑은 세상의 아름다움을 대상으로 한다. 진정한 혼인이나 플라토닉한 사랑 같은 가장 고귀한 형태로부터 가장 저속한 사랑, 방탕에 이르기까지 그 형태를 불문하고 말이다. 하늘과 들판과 바다와 산의 경관, 살랑대는 무수한 소리로 감지되는 자연의 침묵, 바람의 숨결, 뜨거운 태양, 그런 것들에 대한 사랑은 불완전하고 고통스러운 사랑이다. 그 사랑은 응답할 수 없는 대상들, 곧 물질을 향해 있기 때문이다. 사람들은 이 동일한 사랑을 자신들을 닮은 존재에게로 옮기고 싶어 한다. 그 사랑에 응답하고, 동의하고, 자신을 내어 줄 수 있는 인간에게로 말이다. 때로 한 인간의 모습과 연관된 아름다움의 감정은 이 전이를 기만적인 방식일지언정 가능하게 해준다. 그래도 그것은 세상의 아름다움이며, 욕구가 지향하는 우주적인 아름다움이다.

사랑을 다루는 모든 문학이 이야기하는 것도 바로 이런 전이다. 시에서 사용된 더없이 낡고 오래된 은유나 비유에서부터 프루스트의 섬세한 문학에 이르기까지 말이다.

한 인간을 통해 세상의 아름다움을 사랑하려는 욕구는 본질적으로 '육화'肉化의 욕구다. 다른 무어라 생각한다면 오류다. '육화'만이 그 욕구를 만족시킬 수 있다. 그러므로 신비주의자들이 사랑에 빠진 이의 언어를 쓴다고 우리가 때로 그들을 꾸짖는 건 잘못이다. 그들이야말로 그 언어의 정당한 소유주이기 때문이다. 다른 이들은 그저 그것을 빌려 쓸 권리밖에 없다.

육체적 사랑은 그 층위를 막론하고 어느 정도 아름다움을 지향하는데 – 예외가 있더라도 아마 외견상 그럴 뿐이다 – 실제로 한 인간이 지니는 아름다움은 우리의 상상 속에서 그를 세상의 질서와 동등한 무언가로 만든다.

그렇기 때문에 이 영역에서 짓는 죄들은 심각하다. 영혼은 무의식적으로 신을 찾고 있는지라 이 죄들은 신에 대한 죄가 된다. 실제로 그것들 모두는 어느 정도 동의를 무시해 버리고자 하는 하나의 죄로 귀착된다. 동의를 완전히 무시하고자 하는 것은, 인간의 모든 범죄 중 단연 가장 무서운 범죄다. 무의식적이긴 해도 우리가 한 인간에게서 신과 대등한 무언가를 찾으면서 그의 동의를 존중하지 않는다면 그보다 더 끔찍한 일이 무어란 말인가?

덜 심각한 일이긴 해도, 영혼의 저급하거나 피상적인 영역에서 나온 동의로 만족하는 것 역시 범죄다. 동의가 영원할 수밖에 없는 곳, 곧 영혼의 이 중심점으로부터 서로의 동의가 이루어지지 않는다면, 육체적 결합이 있든 없든 사랑을 주고받음은 부당하다. 오늘날 흔히 그저 사회적 관습으로 여겨지는 결혼의 의무는 육체적 사랑과 아름다움 사이의 그 유사성을 두고 볼 때 인간 사고의 본성 자체에 새겨져 있다. 아름다움과 어떤 관련이 있는 것은 모두 시간의 흐름에서 벗어나 있다. 아름다움은 이 세상에서의 영원이다.

인간이 유혹을 경험할 때 흔히 자신을 무한히 넘어서는, 거역할 수 없는 절대적인 무언가를 느끼는 것은 놀라운 일이 아니다. 절대적인 무언가가 분명 거기에 있다. 하지만 그것이 쾌락 속에 존재한다고 믿는 것은 오류다.

이 오류는 인간 사고의 주요 메커니즘인 상상력이 전도된 결과다. 욥이 말하는 노예, 죽어서야 주인의 목소리를 듣지 않게 될 이 노예는 그 목소리가 자신에게 고통을 준다고 믿는다. 두말할 필요 없는 사실이다. 그 목소리는 그에게 너무도 큰 고통이다. 그럼에도 그가 잘못 생각한 것이다. 목소리 자체가 고통스러운 것은 아니기 때문이다. 그가 노예가 아니라면 목소리는 그에게 아무 고통도 주지 않는다. 그러나 그가 노예이기 때문에, 이 목소리와 더불어 청각을 통해 잔인한 채찍질이 영혼 깊숙이까지 침투하는 것이다. 그는 그것을 막을 도리가 없다. 불행이 그 둘을 하나되게 했기 때문이다.

쾌락의 지배를 받는다고 믿는 사람 역시 사실은 그 쾌락 안에 존재하는 절대적인 무언가의 지배를 받고 있다. 이 절대적인 무언가와 쾌락의 관계는, 채찍질과 주인의 목소리 사이의 관계와도 같다. 그러나 전자의 경우 그 둘의 관계는 불행의 결과물이 아니라 최초의 범죄, 곧 우상숭배라는 범죄의 결과물이다. 성 바울로는 악덕과 우상숭배의 유사성을 지적한 바 있다.

쾌락 속에 절대적인 무언가를 들여놓은 사람은 쾌락의 지배를 받지 않을 수 없다. 인간이 절대적인 무언가에 대항해 싸울 수는 없으니 말이다. 그러나 이 절대적인 무언가를 쾌락 밖에 둘 수 있었던 사람에게는 완벽한 절제가 가능하다.

다양한 종류의 악덕, 진짜 혹은 비유적 의미의 마약 사용, 이 모두는 세상의 아름다움이 감지되는 상태를 추구함이다. 그런데 어떤 특별한 상태를 추구한다는 이 점에 바로 오류가 존재한다. 가짜 신비주의 역시 이런 오류의 한 형태다. 이 오류가 영혼 깊숙이 침투하게 되면 인간은 거기 굴복하지 않을 수 없다.

일반적으로 인간의 모든 취향은 비난받아 마땅한 것들부터 더없이 무구한 것들에 이르기까지, 가장 평범한 것들부터 기이하기 이를 데 없는 것들에 이르기까지 어떤 총체적인 상황과 관련이 있다. 또 세상의 아름다움에 다가

갈 수 있을 것 같은 어떤 환경과도 관련이 있다. 이러저런 총체적인 상황이 지니는 특성은 개인의 기질과 지나간 삶의 자취들, 흔히는 이해하기 불가능한 원인들에서 비롯된 것이다.

감각적 쾌락이 지니는 매력이 아름다움과의 접촉이 지니는 매력이 아닌 경우는, 한 가지 경우밖에 – 사실은 흔한 – 없다. 즉 그 매력이 오히려 아름다움을 피하기 위한 도피처가 되어 주는 경우다.

영혼은 세상의 아름다움과의 접촉만을, 혹은 더 고차원적인 신과의 접촉만을 구한다. 하지만 동시에 그 접촉을 피하기도 하는 것이다. 영혼이 무언가를 피한다면, 그것은 어김없이 추함에 대한 공포이거나 아니면 정말로 순수한 무엇과의 접촉이다. 범용한 모든 것은 빛을 피한다. 그런데 모든 영혼 안에는 완벽에 가까운 영혼을 제외하곤 범용이 큰 부분을 차지한다. 순수한 아름다움, 순수한 선이 조금이라도 모습을 드러내려 할 때마다 이 범용의 부분이 공포에 휩싸인다. 육신 뒤에 숨어 육신을 베일로 삼는다. 호전적인 어떤 민족이 정복 계획을 실현시키기 위해 자신의 침략 행위에 지극히 사소한 구실을 갖다 댈 필요가 있듯, 영혼의 범용한 부분 역시 빛을 피하기 위한 사소한 구실을 필요로 한다. 쾌락이 지니는 매력과 고통에 대한 두려움이 그런 구실이 되어 준다. 여기서도 영혼을 지배하는 것은 쾌락이 아닌 절대적인 무엇인데, 이 절대적인 것은 이제 매력적인 대상이 아닌 혐오의 대상이다. 육신의 쾌락을 구하다 보면 흔히 두 움직임이 서로 결합한다. 순수한 아름다움을 향해 달려가는 움직임과 거기서 멀리 달아나려는 움직임이 식별할 수 없을 만큼 뒤얽혀 있는 것이다.

어쨌거나 인간의 활동에는 세상의 아름다움에 대한 ─ 다소 왜곡되거나 오염된 이미지들로 인식된 ─ 관심이 예외 없이 존재한다. 그러므로 인간의 삶에서 자연의 영역이라 할 만한 지대는 없다. 초자연이 어디에나 은밀히 현전한다. 은총과 죄가 무수히 다양한 형태로 사방에 존재하는 것이다.

아름다움에 대한 이런 불완전하고 무의식적이며 때론 범죄의 성격을 띤 추구와 신 사이의 유일한 중재자는 세상의 아름다움이다. 세상이라는 도시와 이승의 조국 ─ 다름 아닌 우주 ─ 을 향한 경애라는 스토아적 사고와 접목되지 않는 한, 그리스도교는 육화할 수 없을 것이다. 오늘날엔 이해하기 몹시 어려운 어떤 오해의 결과로, 그리스도교는 스토아주의로부터 분리됨으로써 어쩔 수 없이 추상적인 별개의 존재가 되어 버렸지만 말이다.

예컨대 예술이나 과학에서 이루어 낸 가장 고차원적인 탐구도 정말로 아름답지는 않다. 단 하나의 진정한 아름다움, 신의 진정한 현전인 유일한 아름다움은 우주의 아름다움이다. 우주보다 작은 것은 그 무엇도 아름답지 않다.

완벽하다고 불릴 만한 예술 작품이 존재할 수 있다면, 그 작품이 아름답듯 우주도 아름답다. 그런데 우주는 어떤 목적이나 선이라 할 만한 그 무엇도 내포하지 않는다. 만유의 아름다움 자체 외에는 어떤 합목적성도 내포하지 않는 것이다. 그 안에는 합목적성이라는 것이 완전히 부재한다는 이 사실이야말로 우주와 관련해 알아야 할 근본적인 진실이다. 거짓이나 실수가 아니고서야 거기에 어떤 합목적성도 적용시킬 수 없다.

어떤 시를 두고 왜 그 단어가 그 자리에 있는지 묻는다면, 또 그에 대한 대답이 주어진다면, 그 시는 최고의 시가 아니거나 독자가 아무것도 이해하지 못한 것이다. 그 단어가 거기 놓인 건 어떤 생각을 표현하기 위해서거나, 문법적인 연결 혹은 각운이나 두운을 위해, 아니면 행을 채우거나 어떤 색채감을 부여하기 위해, 심지어 그 모든 이유가 동시에 작용해 시작詩作의 효과를 노린 것이며 진정한 영감은 없었다고 할 수 있다. 정말로 아름다운 시라면 답변은 단 하나다. 즉 그 단어가 거기 있는 건, 그것이 적절하기 때문이라는 것이다. 그것이 적절하다는 증거는, 그 단어가 거기 있음으로써 그 시가 아름답다는 것. 그 시는 아름답. 다시 말해 독자는 그 시가 다른 모습이 되기를 원치 않는다.

그처럼 예술은 세상의 아름다움을 모방한다. 사물이나 존재나 사건이 적절하다는 말은, 그저 그것들이 존재한다는 것이다. 그것들이 존재하지 않거나 혹은 다른 무엇이기를 우리가 원해서는 안 된다는 것이다. 그러기를 원한다는 건, 우리의 조국인 우주를 모독하는 행위며 우주에 대한 스토아적 사랑을 결하는 것이다. 그런데 우리는 실제로 이런 사랑을 할 수 있게끔 만들어졌으며, 이 가능성이야말로 세상의 아름다움이라 불린다.

"왜 다른 것들이 아니고 이것들이지?"라는 보마르셰의 질문에는 결코 답변이 존재하지 않는다. 합목적성이 없다는 건 필연이 지배한다는 말이다. 뭐든 원인은 있어도 목적은 없다. '섭리'의 특별한 의도를 식별할 수 있다고 믿는 이들은 아름다운 시를 훼손하면서 이른바 텍스트 분석에 몰두하는 교사들과 흡사하다.

예술에서 이 필연의 지배와 맞먹는 것은 물질의 저항과 임의적인 규칙들이다. 각운을 지키기 위해 시인은 이어지는 사고와 철저히 무관한 방향으로 단어들을 선택하게 되는 것이다. 시에서 이 각운은 아마도 삶에 있어서 불행과 유사한 기능을 담당한다. 불행은 우리가 온 영혼으로 합목적성의 부재를 느끼지 않을 수 없게 만든다.

영혼의 지향점이 사랑이라면, 우리가 필연을 더 깊이 응시할수록, 그 금속과 같은 단단함과 차가움을 사무치도록 더 힘껏 껴안을수록, 우리는 세상의 아름다움에 더 가까이 다가간다. 욥이 경험한 것이 그것이다. 그는 고통 속에서도 너무나 정직했기에, 진실을 왜곡하는 어떤 생각도 마음속에 받아들일 수 없었기에, 신께서 그에게로 내려오셔서 세상의 아름다움을 보여주셨다.

합목적성의 부재, 의도의 부재야말로 세상의 아름다움의 본질이므로, 그리스도는 우리에게 어떻게 비와 햇빛이 의인과 악인에게 차별 없이 골고루 내리는지 보라고 명하신다. 그것은 프로메테우스의 최후의 외침을 상기시킨다. "모두를 위해 공동의 빛이 돌게 하는 하늘이시여." 그리스도는 우리에게 이 아름다움을 모방하라고 명하신다. 플라톤 역시 『티마이오스』에서 우리에게 명상을 통해 세상의 아름다움을 닮도록 하라고 충고한다. 낮과 밤, 달, 계절, 해가 이어지고 돌아오게 하는 조화로운 순환 운동을 닮으라고 말이다. 이 순환 운동에도, 그 운동들의 조합에도 의도와 합목적성의 부재가 뚜렷하다. 그렇게 해서 순수한 아름다움이 빛을 발한다.

우주가 하나의 조국인 것은, 그것이 우리에게서 사랑받으며 아름답기 때문이다. 우주는 이 땅에 사는 우리의 유일한 조국이다. 이런 생각은 스토아 철학이 말하는 지혜의 본질이기도 하다. 우리에겐 천상의 조국이 있다. 하지만 그것을 사랑하기란 너무 어렵다고 할 수 있는데, 우리가 그것에 대해 모르기 때문이다. 반대로 그것을 사랑하는 건 너무 쉬울 수도 있는데, 우리의 구미에 맞게 상상해 낼 수 있기 때문이다. '천상의 조국'이라는 이름으로 어떤 허구를 사랑할 위험이 있는 것이다. 이 허구에 대한 사랑이 몹시 강렬하면 어떤 미덕이든 쉬워질 수 있지만, 동시에 그 미덕들은 가치를 잃고 만다. 그러니 이 세상의 조국을 사랑하자. 그것은 실재하는 것이며, 사랑에 저항한다. 신께서 우리에게 사랑하라고 주신 것도 그것이다. 그것을 사랑하는 것이 어렵긴 해도 가능한 것이기를 신께서 원하신다.

이 땅에서 우리는 이방인이며, 뿌리 뽑힌 자며, 추방당한 자라고 느낀다. 잠든 사이 선원들에게 납치되어 낯선 고장에서 눈을 뜬 오디세우스 같다. 그는 비통한 심정이 되어 이타카를 절절히 그리워한다. 그런데 갑자기 아테나에 의해 눈이 떠지며, 그는 자신이 이타카에 와 있음을 알게 된다. 마찬가지로 고국을 지치지 않고 갈망하는 사람, 칼립소도 세이렌들도 이 갈망을 흐트러뜨릴 수 없는 사람은 어느 날 갑자기 자신이 고국에 와 있음을 깨닫는다.

세상의 아름다움을 모방한다는 것, 합목적성과 의도와 차별의 부재에 응한다는 것은 우리 안에 의도가 부재함을 뜻한다. 자기 의지를 단념한다는 말이다. 완벽히 순종적이라는 말은, 하늘에 계신 우리 아버지께서 완벽하듯 완벽하다는 것이다.

사람들 사이에선 노예가 주인에게 복종한다고 주인을 닮게 되지는 않는다. 오히려 그가 복종하면 할수록 그 자신과 명령을 하는 자 사이의 간극은 더 벌어진다.

그러나 인간과 신의 관계는 그렇지 않다. 이성을 지닌 피조물이 절대적으로 순종적이라면, 그것이 가능한 만큼 그는 '전능하신 신'의 완벽한 형상이 된다.

인간 안에 있는 신의 형상인 것, 그것은 우리가 인격이라는 사실과 결부되긴 해도 그 사실 자체는 아닌 무엇이다. 그것은 오히려 인격이기를 단념하는 기능이다. 즉 순종인 것이다.

인간이 탁월한 차원으로 올라서서 참여를 통해 신적인 존재가 될 때마다 그의 안에는 비非인격인 익명의 무언가가 나타난다. 그의 목소리는 침묵으로 감싸인다. 이 사실은 위대한 예술 작품이나 사상, 성인들의 말과 위업에서 뚜렷이 드러난다.

그러므로 어찌 보면 신을 비非인격체로 여겨야 함이 사실이다. 신은 다름 아닌 단념을 통해 스스로를 초월하는 한 인격의 신성한 모범이니 말이다. 신을 전능한 인격으로 여기든, 아니면 그리스도라 불리는 한 인간으로 여기든, 그것은 신의 진정한 사랑에서 물러서는 행위다. 그러니 햇빛을 골고루 나누어 주시는, 하늘에 계신 아버지의 완전하심을 사랑해야 한다. 그는 순종에 다름 아닌, 우리 안에 내재한 이 단념의 절대적이고도 신성한 모범이다. 또한 우주를 창조하고 주관하는 원칙이며, 충만한 존재이기도 하다.

인간은 인격이기를 단념함으로써 신의 반영이 되기에, 인간을 불행 속으로 몰아넣어 무감각한 물질의 상태로 실추시킴은 너무도 끔찍한 일이다. 그렇게 되면 그에게서 인간의 특질과 더불어 그 특질을 단념할 수 있는 가능성을 빼앗게 되는 것이다. 이미 충분히 준비가 되어 있는 이들을 제외하곤 말이다. 신께서 인간의 자율성을 창조하신 건 우리가 사랑으로 말미암아 그것을 단념할 가능성을 열어 주기 위해서였듯, 동일한 이유로 우리는 동류인 인간들이 자율성을 보존하기를 원해야 한다. 완벽히 순종하는 이는 인간의 자유로운 선택의 기능을 한없이 소중한 것으로 여긴다.

마찬가지로, 세상의 아름다움에 대한 사랑과 연민 사이에 모순은 없다. 이 사랑은 우리가 불행할 때 우리 자신 때문에 괴로워하는 걸 막지 않는다. 또한 다른 이들이 불행하기 때문에 괴로워하는 것도 막지 않는다. 그것은 고통과는 다른 차원에 있다.

세상의 아름다움에 대한 사랑은 보편적인 동시에, 운이 나쁘면 파괴될 수도 있는 진정으로 소중한 모든 것에 대한 사랑을 유발한다. 그 보편적인 사랑에 종속되어 있는 부차적인 사랑으로서 말이다. 진정으로 소중한 그것들은, 세상의 아름다움으로 향하는 단계들이자 그 아름다움을 향해 열린 통로가 되어 준다. 더 멀리까지, 세상의 아름다움 자체까지 나아간 사람이라 하더라도, 그 소중한 것들에 대한 사랑은 여전하며 오히려 전보다 훨씬 강렬해진다.

그 가운데는 예술과 과학이 이루어 놓은 순수하고도 진

정한 성취들이 있다. 보다 일반적으로 말해, 온갖 사회 계층에 걸쳐 인간의 삶을 시詩로 감싸는 모든 것이다. 모든 인간은 천상의 빛을 반영하는 어떤 지상의 시詩 - 우주라는 그의 조국과 맺고 있는 막연히 감지되는 유대이기도 한 - 에 힘입어 이 세상에 뿌리를 내린다. 불행이란 이 뿌리가 뽑히는 것이다.

인간의 거주지들은 원칙적으로 저마다 어느 정도 자체의 완성도에 따라 그 주민들의 삶을 시로 감싼다. 그것들은 세상이라는 거주지의 재현이며 반영이다. 그런데 그것들이 국가의 형태를 취할수록, 스스로가 조국이 되고자 할수록 한층 왜곡되고 오염된 형상을 취하게 된다. 하지만 물질적으로든 정신적으로든 이 거주지를 파괴하거나 인간들을 사회적 쓰레기로 간주해 거주지 밖으로 내몰게 될 경우, 인간의 영혼과 우주 사이에 존재하는 시와 사랑의 관계는 모조리 단절되고 만다. 그것은 그들을 공포와 비루함 속으로 밀어 넣는 행위다. 이보다 더 큰 범죄 행위는 없다. 우리 모두가 무수히 많은 그런 범죄의 공범이다. 이 사실을 그저 깨닫기만 한대도 우리는 모두 피눈물을 흘릴 것이다.

종교 의례에 대한 사랑

제도화된 종교에 대한 사랑은 거기에 신의 이름이 필히

존재한다 할지라도 그 자체로는 신에 대한 명시적이 아닌 암묵적 사랑이다. 그 사랑에는 신과의 직접적이며 즉각적인 접촉이 없기 때문이다. 종교 의례가 순수할 경우, 신은 그 안에 현전하신다. 이웃 안에, 세상의 아름다움 안에서와 똑같은 방식으로 현전하신다. 그러나 그보다 더 강렬하게 현전한다고는 할 수 없다.

영혼 안에 깃든 종교에 대한 사랑은 삶의 상황에 따라 그 형태가 크게 달라진다. 일부 상황은 이 사랑이 태어나지조차 못하게 하거나, 아니면 큰 힘을 얻기 전에 사라지게 만든다. 어떤 이들은 일부 성직자의 잔인성과 교만, 부패에 의해 고통받음으로써 불행하게도 자기 의지와는 상관없이 종교에 대한 증오와 경멸감을 품게 된다. 그런가 하면 어린 시절부터 그와 같은 분위기에 물든 환경 속에서 성장한 이들도 있다. 이런 경우에도 이웃에 대한 사랑과 세상의 아름다움에 대한 사랑이 충분히 강하고 순수하다면, 영혼은 신의 자비로 인해 그 사랑에는 사랑의 인도를 받아 어떤 높이에도 도달할 수 있음을 우리는 알아야 한다.

제도화된 종교에 대한 사랑은 보통 자신이 성장한 나라나 환경의 주된 종교를 대상으로 한다. 누구든 신에 대한 예배를 생각할 때면, 살면서 영혼 속으로 침투한 습관으로 인해 우선 그 종교를 생각한다.

종교 의례가 지니는 효력에 대한 생각은 주의 이름을 음송하는 것과 관련된 불교 전통에서 전적으로 비롯된 것일 수 있다. 부처는 그에 의한 구원을 갈망하며 그의 이름을 음송하는 이들 모두를 그 자신이 있는 극락으로 들어올리겠다고 약속한 것으로 되어 있다. 그리고 이 약속 덕분에 그들은 그의 이름을 음송함으로써 영혼의 변화를 꾀할 수 있게 된 것이다.

종교란 다름 아닌 신의 이 약속이다. 모든 종교 의례, 제의, 전례는 신의 이름을 음송하는 어떤 형식이며 원칙적으로 실질적인 효력을 지니게끔 되어 있다. 그런 바람으로 열심을 다하는 자 누구나 구원받을 수 있게 하는 효력이다.

모든 종교는 자신의 언어로 신의 이름을 부른다. 대개의 경우 우리는 외국어보다는 모국어로 신을 부르는 게 낫다. 특별한 경우를 제외하곤 아무리 잘 아는 외국어여도 단어를 찾는 작은 노력이라도 기울여야 하는 순간, 영혼이 자신을 완전히 내어 주기란 불가능하기 때문이다.

모국어가 빈약하고 다루기 어렵고 세상에 널리 사용되지 않는 경우, 작가는 다른 언어를 차용하고 싶다는 강한 유혹을 느끼게 된다. 콘라드처럼 눈부신 성공을 거둔 경우가 있기는 해도 그런 사례는 몹시 드물다. 특별한 경우를 제외하곤 작가가 언어를 바꾸면 오히려 해가 되어 사상과 문체를 훼손한다. 차용한 언어를 쓰는 작가는 평범하고 불편한 상태로 남게 된다.

종교를 바꿀 경우 영혼은 언어를 바꾼 작가와 같은 처지가 된다. 모든 종교가 신의 이름을 제대로 음송하기 위해 동등한 자격을 갖춘 것은 아니다. 일부 종교는 너무도 불완전한 매체임이 분명하다. 이스라엘 종교만 하더라도, 그리스도를 십자가에 못 박을 만큼 너무도 불완전한 매체였다. 로마의 종교는 아마도 종교라는 이름으로 불릴 자격조차 없는 것이었다.

그러나 일반적으로 말해 종교들 간의 서열은 식별하기 몹시 어려우며 거의, 어쩌면 완전히 불가능하다. 하나의 종교는 내부로부터만 이해되기 때문이다. 가톨릭 신자들은 가톨릭 신앙에 대해 그렇게 말하는데, 사실은 모든 종교가 마찬가지다. 종교는 어떤 음식이다. 우리가 한 번도 먹어 보지 않은 음식의 맛과 영양가를 눈으로 평가하기란 어려운 일이다.

여러 종교를 비교하는 것은 공감의 기적적 효능에 의해서만 어느 정도 가능하다. 우리가 사람들을 외부에서 관찰함과 동시에 공감을 통해 그들 안에 잠시 자신의 영혼을 옮겨 놓는다면 어느 정도 그들을 알 수 있다. 다른 종교들에 대한 연구 역시 믿음에 의해 우리가 연구하는 대상의 핵심 속으로 잠시 옮겨질 때만 앎이 가능해진다. 가장 강력한 의미에서의 믿음에 의해 말이다.

하지만 그런 일은 거의 일어나지 않는다. 우리에게는 믿음이 전혀 없기 때문이다. 그게 아니면 오로지 한 종교만을 믿어 다른 종교들에는 이상한 모양의 조개껍데기에 관심을 갖는 정도의 주의만 기울인다. 또 어떤 이들은 아무데나 차별 없이 적용할 수 있는 막연한 종교심을 가졌기에 스스로 공평할 수 있다고 믿는다. 하지만 어느 특정 종교에 모든 주의력과 믿음과 사랑을 쏟아 보지 않은 사람이라면, 각각의 다른 종교에 대해 고도의 주의력과 믿음, 그리고 그 종교가 내포하는 사랑을 지니고 생각할 수는 없는 노릇이다. 오로지 우정이 가능한 사람만이 온 마음을 다해 모르는 사람의 운명에도 관심을 가질 수 있는 것이다.

모든 영역에서 사랑은 특정 대상을 향할 때만 실재한다. 그리고 유추와 전이를 통해서만 여전히 실재하면서 보편성을 띤다.

요컨대 이 유추와 전이에 대한 앎 – 수학과 다양한 학문, 철학이 이 앎을 위한 준비인데 – 은 사랑과 직접적인 관련이 있다고 할 수 있다.

오늘날 유럽은 물론 어쩌면 전 세계적으로 다양한 종교의 비교학적 지식은 거의 제로에 가깝다. 우리에게는 그런 지식의 가능성에 대한 개념조차 없다. 거침돌로 작용하는 편견이 없을 때마저 이런 지식을 예감하는 것 자체가 이미 몹시 어려운 일이다. 그런데 서로 다른 형태의 종교적 삶 사이에는 어떤 숨겨진 등가물들이 있다. 눈에 띄는 차이점들을 부분적으로 상쇄시켜 주는, 아주 예리한 식별력으로만 감지되는 것들이다. 각각의 종교는 명백한 진리들과 암묵적인 진리들의 어떤 독창적인 조합이다. 그리고 한 종교에서 명백한 것이 다른 종교에선 암묵적이다. 하나의 진리에 대한 암묵적인 동조가 간혹 공공연한 동조만큼이나 효력을 지니기도 하며, 때론 훨씬 큰 효력을 발휘하기까지 한다. 각자의 마음속 비밀을 아시는 그분만이 서로 다른 형태를 지닌 믿음의 비밀을 아신다. 그는 이 비밀을 결단코 우리에게 열어 보이지 않으셨다.

주의 이름을 부르기에 너무 합당치 못한 종교 안에서 우리가 태어난 게 아니라면, 또 자신의 종교를 순수하고도 올바른 사랑으로 사랑한다면, 그 종교를 버릴 합당한 이유를 찾기는 어려울 것이다. 영혼이 신과 직접 접함으로써 신 자신의 의지에 종속되기 전에는 말이다. 이 한계 너머의 전환은 순종에 의해서만 정당하다. 그러나 이런 일은 드물게 일어난다는 걸 역사가 증명한다. 대개는, 어쩌면 어김없이, 가장 높은 정신적 경지에 다다른 영혼은 자신에게 사다리가 되어 준 전통에 대한 사랑 안에서 굳건해진다.

그러나 우리가 태어날 때부터 속해 있는 종교가 결함투성이거나 그 땅에서 지나치게 부패한 양상을 드러낸다면, 또 이런저런 상황이 이 종교에 대한 사랑을 가로막거나 아예 사라지게 했다면, 이방의 종교를 받아들임은 정당하다. 어떤 이들에게는 정당한 동시에 필요 불가결한 일인데, 그렇다고 모든 이에게 해당되는 말은 아니다. 어떤 종교 의례도 경험하지 못하고 자란 이들에 대해서도 같은 말을 할 수 있다.

그 밖의 모든 경우에는 종교를 바꾸는 건 몹시 위험한 결정이며, 누군가를 그렇게 하도록 부추기는 건 더한층 위험할 수 있다. 피정복국에 대해 그런 식으로 공적인 압력을 행사하는 건 무한히 더 위험한 일이다.

유럽과 아메리카 대륙에 다양한 종교가 존재할지언정 가

톨릭 종교는 직간접적으로, 가깝게든 멀게든, 원칙적으로 모든 백인의 태생적인 영적 환경을 이룬다고 말할 수 있다.

종교 의례는 완벽히 순수한 대상과의 효율적인 접촉을 가능케 함으로써 악을 파괴하는 효력을 지닌다. 이 세상 그 무엇도 완벽히 순수하지는 않다. 우리가 완벽에 바싹 다가서 있지 않는 한 직접 감지하기는 불가능한 우주의 총체적인 아름다움만이 완벽히 순수하다. 그런데 이 총체적인 아름다움은 어떤 의미에서 감지될 수는 있다 해도, 감각적인 어떤 대상 안에도 갇혀 있지 않다.

종교적인 것들은 이 세상에 존재하는 감각적인 특별한 대상이면서도 완벽히 순수하다. 그것들 고유의 특성 때문은 아니다. 교회는 추할 수 있고, 성가도 음정이 맞지 않을 수 있으며, 사제가 부패하거나 신자가 산만할 수도 있다. 하지만 어떤 의미에서 이 모두는 전혀 중요하지 않다. 어떤 기하학자가 정확한 논증을 위해 그린 도형의 선이 비뚤어졌다고, 원이 길쭉하다고 문제될 건 전혀 없는 것이다. 종교적인 대상들은 원칙적으로, 또 이론적으로 순수하다. 우리는 그것들을 그렇게 추정하고, 정의 내리고, 규범으로 삼는다. 그 순수성은 절대적이다. 그 무엇도 그것을 더럽힐 수 없다. 그러므로 완벽한 순수성이라 할 수 있다. 롤랑의 암말[8]이 그렇듯 완벽하다는 것은 아니다. 온갖 미덕을 지닌 암말이었음에도 존재하는 말이 아니라는 단점이 있기 때문이다. 인간의 규범은 사람들로 하여금 그것을 지키도록 부추기는 동력이 수반되지 않으면 효과가 없다. 그 규범 자체는 그저 추상적인 관념이어서 비현실적이며 무슨 효력을 미치지도 못한다. 그러나 '종교적인 대상들은 순수하다'고 정한 규범은 신께서 직접 승인하신 것이다. 따라서 이 규범은 효력을 지니며, 어떤 미덕을 내포하고, 스스로 행동에 나선다. 그 순수함은 절대적이고 완벽한 동시에 실재한다.

그것은 공인되지 않은 진리이며, 따라서 증명될 수 있는 것도 아니다. 경험에 의해서만 입증될 수 있는 것이다.

실제로 종교적인 대상들의 순수함이 사방에 그 아름다운 모습을 드러낸다. 믿음과 사랑이 결여되지 않은 경우라면 말이다. 전례의 문구들은 놀랍도록 아름다우며, 특히 우리를 위해 그리스도 자신이 직접 가르쳐 주신 기도는 완벽하다. 로마네스크 건축 양식도, 그레고리안 성가도 놀랍도록 아름답다.

하지만 그 중심에 아름다움을 완전히 결한 무언가가 존재한다. 순수함이 전혀 드러나지 않는, 규약에 불과한 무엇이다. 그래야만 하는 것이기도 하다. 사실 건축물, 성가, 어법 – 그리스도에 의해 조합된 말들일지언정 – 그 모두 가 절대적인 순수성과는 다른 무엇이다. 우리의 세속적 감각에 특별한 무언가로 이 세상에 존재하는 절대적 순수 성은 다른 무엇도 아닌 어떤 규약일 수밖에 없다. 중심점 에 위치한 이 규약은 다름 아닌 성체聖體다.

'현전'現前이라는 교리의 효력은 바로 그 부조리성에 있다. '양식'糧食이라는 몹시 감동적인 상징 외에는 한 조각 빵 속에 신을 향한 생각이 끼어들 여지는 전혀 없는 것이다. 그러므로 신의 현전은 명백히 규약의 성격을 띤다. 그리 스도께서 그런 대상 안에 현전하실 수 있는 건 오로지 규 약에 의해서다. 그런 식으로 그는 그 안에 완벽히 현전하 실 수 있다. 신은 이 세상에 은밀히 현전하실 수밖에 없는 데, 성체 안에 그는 참으로 은밀히 현전하신다. 우리의 사 고 어느 부분도 그 은밀한 곳에는 발을 들일 수 없기 때문 이다. 그러므로 성체 안의 그 현전은 온전하다.

존재하지 않는 완벽한 직선과 완벽한 원에 대한 추론이 기술에 실제로 적용되는 걸 보며 놀랄 사람은 아무도 없 다. 이해할 수 없는 일임에도 말이다. 성체 안에 실제로 신께서 현전하심은 그보다 더 놀라운 일이지만, 그렇다고 더 이해할 수 없는 일이라고 할 수는 없다.

한 기하학자가 어떤 삼각형에는 동일한 두 각이 있다는 가설을 세우듯, 우리는 축성된 면병에는 그리스도께서 현전하신다는 가설을 유추를 통해 세울 수 있을 것이다.

규약과 관련된 일이기에 오직 축성이라는 형식이 중요하며, 축성을 하는 이의 영적인 상태는 중요하지 않다.

규약이 아닌 다른 무엇이라면 적어도 일부는 인간적인 성질을 지니며 온전히 신적인 것은 아닐 것이다. 진정한 규약은 초자연적인 조화, 곧 피타고라스학파가 말하는 의미에서의 조화다.

규약만이 이 세상에서 완벽히 순수할 수 있다. 규약이 아닌 순수함은 모두 어느 정도 불완전하기 때문이다. 어떤 규약이 현실이 될 수 있다면, 그것은 신의 자비로 말미암은 기적이다.

부처의 이름의 음송이라는 불교의 개념도 같은 의미를 지닌다. 이름 역시 하나의 규약이기 때문이다. 우리는 사물과 그 이름을 머릿속에서 곧잘 혼동하는 터라 그 사실을 쉽사리 잊곤 하지만 말이다. 성체는 가장 고차원적인 규약이다.

인간의 육신을 지닌 그리스도의 현전조차도 완벽한 순수함과는 다른 무엇이다. 그는 자신을 선하다고 부른 이를 꾸짖었고, "내가 떠나는 것이 너희에게 이롭다"라고 말씀하셨다. 그러니 그는 필시 축성된 빵 한 조각 안에 더 온전히 현전하신다. 그의 현전은 은밀할수록 더 완벽하다.

하지만 이 현전은 그의 몸이 범죄자의 몸처럼 체포된 순간 그의 육신 안에서 더 완전하고도 은밀한 것이었음에 틀림없다. 그러나 그 역시 모두로부터 버림받았다. 지나치게 현전했기 때문이다. 사람들로서는 견딜 수 없는 일이었다.

성체라는 규약 혹은 유사한 무언가가 인간에게는 불가결하다. 완벽한 순수함의 감각적인 현전이 반드시 필요하다는 말이다. 인간은 감각적인 대상에만 완전한 주의를 기울일 수 있기 때문이다. 또한 완벽히 순수한 무언가에 주의를 기울일 필요를 느낀다. 이 행위에 깃든 전이 작용만이 그의 안에 있는 악의 일부를 퇴치할 수 있다. 그렇기 때문에 면병은 실제로 죄를 없애는 신의 어린양이다.

사람은 누구나 자신 안의 악을 느끼며, 그 악을 증오하며 떨쳐 내고 싶어 한다. 우리 외부에 보이는 악은 고통과 죄라는 두 가지 분명한 형태를 지닌다. 그러나 우리의 자의

식 속에서는 이 구분이 추상적으로밖에, 또 반성을 통해 서밖에 나타나지 않는다. 우리는 자신 안에 고통도 죄도 아닌 무언가를 느낀다. 고통인 동시에 죄이며 그 둘의 뿌리인 무엇, 그 둘의 불분명한 혼합이며 오점이자 아픔인 무엇이다. 그것이 우리 안의 악이며, 우리 안의 추함이다. 그 추함이 감지되는 순간 우리는 혐오감에 사로잡힌다. 영혼은 그것을 토해 내듯 밖으로 게운다. 그리고 전이 작용을 통해 우리를 둘러싼 대상들 안으로 그것을 옮겨 놓는다. 그리하여 우리가 보기에 추하고 더럽혀진 대상들이 이번엔 자신들 안으로 들어온 이 악을 우리에게 되돌려 보낸다. 더한층 부풀려진 모습으로. 이 과정을 통해 우리 안의 악은 더욱 확장된다. 우리가 있는 장소와 우리가 사는 환경조차도 우리를 악 속에 하루하루 더 숨 막히게 가두어 두는 듯싶다. 거기에 끔찍한 고뇌가 존재한다. 이 고뇌에 지친 영혼이 더는 그 고뇌를 느끼지 못하게 되면 구원의 희망 역시 사라지고 만다.

그리하여 환자는 자신의 병실과 주변 사람들을 증오하고 혐오하며, 죄수는 자신의 감옥을, 또 노동자는 자신의 공장을 그렇게 느낀다.

그런 이에게는 아름다운 것들을 가져다줘 봐야 아무 소용이 없다. 시간이 지나면 이런 전이 작용에 의해 그것들 모두가 결국 구역질이 날 만큼 더렵혀질 것이기 때문이다.

완벽한 순수함만이 더렵혀질 수 없다. 영혼이 악의 침범을 받는 순간 완벽히 순수한 무언가에 주의를 기울여 악의 일부를 그곳으로 전이시키더라도, 이 무언가는 변질되지 않는다. 그 악을 되돌려 보내지 않는다는 말이다. 그렇게 매번 그런 주의가 기울여질 때마다 실제로 악은 조금씩 파괴된다.

히브리인들이 그들의 속죄양 의식에서 일종의 마법을 통해 성취하려 했던 것이 이 세상에서는 완벽한 순수함을 통해서만 이루어질 수 있다. 진정한 속죄양은 '어린양'이다.

완벽히 순수한 한 존재가 이 세상에서 인간의 형태 안에 집약되는 순간, 그의 주변에 퍼져 있던 어마어마한 양의 악이 어김없이 고통의 형태로 그에게로 집중된다. 그 시절 로마 제국에서 인간의 가장 큰 불행과 범죄는 노예 제도였다. 그가 노예가 겪는 불행의 극단적 형태인 형벌을 받은 것도 그 때문이다. 이처럼 신비스러운 전이가 바로 '대속'이다.

마찬가지로 한 인간이 축성된 빵 안에 현전하는 신의 '어린양'에 시선과 주의를 집중하면, 그가 품고 있는 악의 일부가 그 완벽한 순수함 쪽으로 옮겨 가 그 안에서 파괴된다.

파괴라기보다 변환이다. 완벽한 순수함과의 접촉이 죄와 고통의 불가분의 혼합을 해체시켜 버리는 것이다. 이 접촉의 불에 덴 영혼이 품고 있던 악의 부분은 오롯이 고통이 되어 버린다. 사랑으로 물든 고통이다.

마찬가지로 로마 제국 안에 퍼져 있던 모든 악은 그리스도에게로 집중됨으로써 그의 안에서 오롯이 고통으로 화했다.

이 세상에 완벽하고도 무한한 순수함이 존재하지 않는다면, 악과 접촉해 시간이 흐르면 사라지는 유한한 순수함만이 존재한다면 우리는 절대로 구원받을 수 없을 것이다.

형사 재판이야말로 이런 진실의 끔찍한 일례다. 원칙적으로 그것은 선善을 목적으로 하는 순수한 무엇이다. 그러나 불완전하며 유한하고 인간적인 순수함이기도 하다. 따라서 범죄와 불행이 혼합된 양상들을 끊임없이 접함으로써 이 순수함은 사라져 버리며, 대신 전체 범죄와 맞먹는 더러움이 들어선다. 한 범죄자 개인의 더러움을 훨씬 능가하는 더러움이다.

사람들은 순수의 샘물을 마시기를 게을리한다. 그렇더라도 범죄와 불행이 있는 곳마다 이 샘물이 솟지 않는다면 '창조'는 잔인한 행위일 것이다. 2천 년보다 더 멀리 거슬러 올라가는 시기, 선교의 손길이 닿지 않은 고장들에 범죄와 불행이 존재하지 않았다면, 우리는 그리스도와 성사가 교회의 전유물이라 여길 수 있을 것이다. 그러나 22세기 전 십자가에 달린 노예가 단 한 명이라도 있었다면 어떻게 우리가 그를 생각하며 신을 비난하지 않을 수 있을까? 그 시절에는 그리스도도 존재하지 않았고 성사에 대한 인식도 전혀 없었음을 상기한다면 말이다. 그러나 우리는 22세기 전 십자가에 달린 노예들에 대해 거의 생각하지 않는 게 사실이다.

완벽한 순수함에 시선을 주는 법을 우리가 알게 되었을 때, 우리가 배신만 하지 않는다면 이미 이 세상에서 완벽에 도달할 것임을 확신할 수 없게 만드는 건 오직 인간의 제한된 수명뿐이다. 실제로 우리는 유한한 존재이며, 우리 안의 악 또한 유한하다. 그러나 우리 눈앞에 드러난 순수함은 무한하다. 우리가 시선을 줄 때마다 조금이라도 악을 파괴한다면, 시간의 제약을 받지 않고 이 행위를 자주 되풀이한다면, 어느 날 악은 모두 파괴될 것이다. 『바가바드기타』의 멋진 표현을 빌리면, 그 순간 우리는 악과 끝장을 보게 되는 것이다. 이집트의 『사자의 서』가 말하듯, 우리는 진리이신 주를 위해 악을 퇴치하고 그에게 이 진리를 갖다 바칠 것이다. .

오늘날 모두가 간과하는 그리스도교의 주요 진리 가운데 하나는, 시선이 우리를 구원한다는 사실이다. 구리뱀이 들어올려진 것은, 바닥까지 실추해 훼손된 상태로 누워 있는 이들이 그것을 바라보고 구원받을 수 있도록 하기 위해서다.

기분이 내키지 않는 순간, 신성한 것들에 합당한 영혼의 고양이 불가능하다고 느껴지는 순간, 그때야말로 완벽한 순수함으로 향해진 시선이 가장 큰 효과를 발휘한다. 그런 순간이야말로 악이, 아니, 그보다 범용이, 불에 닿아 태워질 수 있는 최상의 위치에서 영혼의 표면 위로 모습을 드러내기 때문이다.

그러나 그 순간에는 시선을 주는 행위가 거의 불가능하다는 것 역시 사실이다. 영혼의 모든 범용한 부분이 죽음을 두려워해 – 육신의 죽음에 대한 두려움보다 더한 두려움이다 – 반기를 들며 스스로를 보호하기 위해 거짓을 만들어 낸다.

우리로선 믿을 수밖에 없는 이 거짓에 귀 기울이지 않으려는 노력, 순수함을 바라보려는 노력은 그 순간 몹시 폭력적인 무언가가 된다. 그렇더라도 그것은 우리가 보통 말하는 노력이나 자제, 의지의 행위와는 철저히 다른 무엇이다. 그것을 지칭하려면 다른 단어가 필요하지만, 언어로는 표현할 길이 없다.

영혼이 구원받기 위해 필요한 노력은 우리가 바라보고 귀기울이기 위해 필요한 노력, 약혼녀가 '네'라고 대답하기 위한 노력에 견줄 만하다. 그것은 주의를 기울이는 행위, 동의의 행위인 것이다. 반면 의지는, 사전적 정의에 따르면 근육을 긴장시키는 노력과도 유사한 무엇이다.

의지는 영혼의 자연스러운 일부에 해당한다. 우리가 구원받기 위해 의지의 적절한 발휘는 분명 필요한 조건이다. 그러나 정작 구원과는 거리가 먼 데다, 열등하고 몹시 종속적이며 전적으로 소극적인 조건이기도 하다. 근육을 긴장시키는 농부의 노력은 잡초를 뽑지만, 오로지 햇빛과 물이 밀을 자라게 한다. 의지는 영혼 속에 어떤 선善도 야기하지 못한다.

의지의 노력은 원래 엄격한 의무를 완수하기 위한 것에 불과하다. 그러나 엄격한 의무가 없는 곳이라면 어디서든 자연적인 성향 혹은 소명, 곧 신의 명령을 따라야 한다.

성향에서 비롯된 행위라면 명백히 의지의 노력은 아니다. 신에 대한 순종의 행위에서 우리는 수동적이다. 거기에 어떤 고통이 따르든, 그 행위가 표면상 어떻게 전개되든 근육을 긴장시키는 노력과 유사한 그 무엇도 우리의 영혼 속에 생성되지 않는 것이다. 오로지 고통과 기쁨을 통한 부동의 상태와 기다림, 주의력, 침묵만이 존재한다. 그리스도께서 받으신 십자가형은 모든 순종 행위의 모범이다.

가장 고차원의 행위일 수 있는 이런 유의 수동적 행위가 『바가바드기타』와 노자의 글에 완벽히 묘사되어 있다. 그곳에도 상반되는 것들의 초자연적인 일치와 피타고라스 학파가 의미하는 조화가 존재한다.

선을 향한 의지의 노력은, 파괴당하는 걸 두려워하는 우리 자신의 범용한 일부가 지어낸 거짓들 중 하나다. 그런 노력을 한대도 범용한 일부가 조금이라도 위협받는 건 아니며 그 쾌적함이 줄어드는 것도 아니다. 설령 그 노력에 엄청난 피로와 고통이 따를지라도 말이다. 우리 자신의 범용한 일부는 피로와 고통을 두려워하지 않기 때문이다. 그것은 죽임을 당하는 걸 두려워한다.

어떤 사람이 두 발을 모으고 계속 깡충대면서, 날마다 더 높이 뛰어오르다 보면 언젠가는 도로 떨어지는 대신 하늘까지 오를 거라 기대한다고 치자. 그런 식으로 자신의 영혼을 고양하려는 사람들이 있다. 그러나 그런 일에 매인 사람은 하늘을 바라볼 수 없다. 사실 우리는 하늘을 향해서는 한 발도 내디딜 수 없다. 수직의 도약은 우리에게 금지되어 있는 것이다. 하지만 우리가 오랫동안 하늘을 바라보면, 신께서 내려와 우리를 데려가신다. 가뿐히 데려가신다. 아이스킬로스의 말대로 "신성한 일은 노력이 필요 없다." 구원의 과업에는 우리의 모든 노력을 합한 것보다 더 어려운 쉬움이 있다.

그림 형제의 한 이야기에는 거인과 작은 재단사 사이의 힘겨루기가 등장한다. 거인이 던진 돌멩이는 아주 높이 날아 한참 뒤에야 떨어진다. 그러나 작은 재단사가 날린 새는 떨어지지 않는다. 날개가 없는 것은 반드시 떨어지고야 만다.

의지로는 구원이 가능하지 않기에 세속적인 도덕 개념은 불합리하다. 우리가 도덕이라 부르는 것은 오로지 의지에 ― 요컨대 근육의 긴장이 강조된다는 측면에서 ― 기댄다. 반대로 종교는 욕구에 상응하며, 이 욕구야말로 구원을 가져다준다.

로마인들이 그려 낸 스토아주의의 캐리커처 역시 근육을

긴장시키는 의지에 기댄다. 그러나 진정한 스토아주의, 그리스의 스토아주의, 성 요한과 아마도 그리스도가 '로고스'와 '프뉴마'라는 용어를 빌려 쓴 스토아주의는 오로지 욕구이며 경건한 마음이자 사랑이다. 그것은 겸손으로 가득하다.

다른 많은 점들에서처럼 이 점에서도 그리스도교는 적들에 의해 오염되었다. '신을 찾는다'라는 은유는 근육을 긴장시키는 의지의 노력을 상기시키는 것이다. 실제로 파스칼이 이 은유의 확산에 기여했다. 그는 몇 가지 오류를 범했는데, 특히 믿음과 '자기 암시'를 혼동하고 말았다.

신화와 민간전승의 위대한 상징들이나 복음서의 비유들에서는 신께서 인간을 찾으신다. "Quaerens me sedisti lassus."[10] 복음서 그 어디에도 인간이 신을 찾는 행위는 나오지 않는다. 인간은 떠밀리거나 특별한 부름을 받지 않는 한, 단 한 발도 내딛지 않는다. 미래의 아내가 맡은 역할은 기다리는 것이다. 노예는 주인이 잔치에 가 있는 동안 기다리며 밤을 새운다. 행인은 결혼 잔치에 불청객으로 오는 게 아니며, 초대해 달라고 청하지도 않는다. 그곳에 거의 엉겁결에 끌려오다시피 한다. 그의 역할은 그저 격식에 맞는 옷을 입는 것이다. 어떤 밭에서 진주를 발견한 사람은 전 재산을 팔아 그 밭을 산다. 삽으로 흙을 뒤집어 진주를 캐낼 필요도 없으며, 그저 자신의 전 재산을 팔기만 하면 된다. 신을 갈망한 나머지 모든 것을 포기하는 것, 그것만이 우리를 구원한다.

구원을 야기하는 태도는 그 어떤 행위와도 닮지 않았다. 그 태도를 말해 주는 그리스어 단어는 '휘포모네'ὑπομονή – '인내'patientia라는 번역으로는 몹시 미흡한 – 이다. 그것은 기다림이며, 어떤 충격에도 흔들리지 않고 무한정 지속되는 성실하고도 주의 깊은 부동의 자세다. 주인이 문을 두드리면 곧 열어 주려고 문 옆에서 귀 기울이는 노예야말로 그 최상의 이미지다. 태도를 달리하느니 차라리 굶주림과 피로로 죽을 각오가 되어 있어야 한다. 동료들이 그를 부르고 말을 걸더라도 고개조차 돌리지 말아야 한다. 주인이 죽었다고 누가 말하더라도, 또 그 말을 믿을지언정 그는 꼼짝하지 않을 것이다. 주인이 그에게 화가 나 있어서 돌아오면 그를 때릴 거라고 누가 말해도, 또 그 말을 그가 믿는다 해도 꼼짝하지 않을 것이다.

적극적인 탐구는 해가 된다. 사랑에 해로울 뿐 아니라, 원칙적으로 사랑의 법칙을 모방하는 지성에도 해가 된다. 기하학 문제의 해결이, 또 어떤 라틴어나 그리스어 문장의 의미가 머릿속에 그저 떠오르기를 기다려야 한다. 새로운 과학적 진실이나 아름다운 한 편의 시가 대상이라면 더더욱 그렇다. 탐구는 오류로 이끈다. 모든 종류의 진정한 선에 대해서도 같은 말을 할 수 있다. 인간은 선을 기다리고 악을 멀리하는 것 외에 다른 무언가를 해서는 안 된다. 악으로 인해 흔들리지 않기 위해서만 근육을 긴장시키는 노력을 해야 한다. 상황의 반전이 인간의 조건일진대, 모든 영역에서 진정한 미덕은 적어도 외견상으로는 소극적인 무엇이다. 그러나 선과 진리에 대한 이 기다림은 그 어떤 탐구보다도 강렬한 무엇이다.

의지의 미덕과는 대조되는 은총의 개념, 지적·예술적 작업과는 대조되는 영감의 개념, 그 두 개념은 제대로 이해될 경우 기다림과 욕구가 지니는 이 효율성을 대변해 준다.

종교 의례는 온전히 활기를 띤 주의력인 갈망으로 이루어진다. 그러므로 어떤 도덕으로도 그것을 대신하지 못한다. 그러나 영혼의 범용한 일부는 기도를 하거나 성사에 참여하는 순간에도 그 도덕을 보호해 주는 수많은 거짓을 자체의 병기고에 비축하고 있다. 완벽한 순수함의 현전과 시선 사이에 장막을 드리우며 약삭빠르게도 그것을 신이라 부른다. 장막이라면 예컨대 이런 것들이다. 감각적인 기쁨이나 희망, 안락, 위안이나 안정, 이런 것들의 원천인 영혼의 상태. 아니면 일련의 습관이든지 하나 혹은 여러 사람, 혹은 어떤 사회 환경일 수도 있다.

피하기 어려운 함정이 있다면, 종교가 우리에게 사랑하라고 제공한 신의 완벽을 상상하려는 노력이다. 하지만 우리는 결단코 우리 자신보다 더 완벽한 무언가를 상상할 수 없다. 그러므로 이 노력은 성체라는 경이驚異를 무용지물로 만든다.

성체를 마주해 그 안에 본래 담겨 있는 것만을 응시할 수 있으려면 어떤 지적인 훈련이 필요하다. 즉 우리로선 완전히 무지한 무엇이다. 플라톤이 말하는 '무언가'라고만 우리가 알고 있는 것, 오류에 빠지지 않고서야 그 외에 다른 것을 갈망할 수 없는 무엇이다.

함정 중의 함정, 거의 피할 수 없는 함정은 사회적 함정이다. 언제 어디서든 매사에 사회적 감정은 신앙의 완벽한 모조품이 되어 준다. 다시 말해 완벽한 가짜라는 것. 이 모조품이 지니는 큰 장점은 영혼을 속속들이 만족시켜 준다는 것이다. 선을 갈망하는 영혼의 일부는 거기서 양분을 제공받는다고 믿는다. 그 범용한 일부는 빛에 의해 상처를 입지도 않는다. 영혼은 온전한 편안함을 느끼는 것이다. 그렇게 모든 이가 합의를 본다. 영혼은 평화 속에 들어 있다. 그러나 그리스도는 자신이 평화를 주러 온 게 아니라고 하셨다. 그는 검을 가져오셨다. 아이스킬로스가 말하는, 둘로 가르는 검.

믿음과 그 사회적 모조품을 구별하기는 거의 불가능하다. 영혼 속에는 진정한 믿음의 부분과 위조된 믿음의 부분이 공존하기에 더욱 그렇다. 그러니 구별은 거의 불가능하지만, 그렇다고 아예 불가능한 건 아니다.

현재 상황에서 사회적 모조품을 물리치는 건 믿음의 사활이 걸린 문제다.

오염을 제거하기 위해서는 완벽히 순수한 존재가 필요하다는 건 교회에만 국한된 사실이 아니다. 사람들은 자신의 더러움을 교회로 가지고 오는데, 그것은 아주 좋은 일이다. 그리스도는 교회뿐 아니라 오욕과 비참함과 범죄와 불행으로 완전히 더럽혀진 장소들로, 감옥과 법정과 불쌍한 이들을 위한 보호소로 오셔서 현전한다는 사실이야말로 그리스도교 정신에 훨씬 더 부합한다. 법정에서의 재판은 재판관, 경찰, 피고, 방청인이 함께 올리는 기도로 시작되고 끝나야 할 것이다. 우리가 일하고 공부하는 장소에도 그리스도께서 부재해서는 안 될 것이다. 사람들은 누구나 무얼 하든, 어디에 있든 날마다 온종일 구리뱀을 응시할 수 있어야 한다.

그뿐 아니라 종교는 다른 무엇이 아닌 하나의 시선이라는 사실이 공공연하게, 공식적으로 인정되어야 한다. 종

교는 다른 무엇이 되려 하는 순간 교회 안에 갇히거나, 아
니면 그 밖의 장소에서 불가피하게 모든 것을 질식시키게
된다. 종교는 이 사회에서 영혼 안에 깃든 초자연적 사랑
이라 할 만한 자리 외의 다른 자리를 점유해서는 안 된다.
그럼에도 많은 이들이 자신의 영혼 안에서 종교가 지나치
게 크고 뚜렷한 자리를 차지하기를 원하는 탓에 자신 안
에 깃든 사랑을 파괴한다. 우리의 '아버지'는 오로지 은밀
한 곳에 거주하신다. 사랑은 조심성 없이는 불가능하다.
진정한 믿음은 스스로와 대면해서도 신중함을 견지한다.
그 믿음은 신과 우리 사이의 비밀 – 우리 자신은 거의 관
여할 수 없는 – 이다.

이웃에 대한 사랑, 세상의 아름다움에 대한 사랑, 종교에
대한 사랑은 어찌 보면 완전히 비개인적인 사랑이다. 하
지만 종교는 모종의 사회적 환경과 관련이 있기에 종교에
대한 사랑은 자칫 그러지 못할 수 있다. 그렇다면 종교 의
례의 본질 자체가 그것을 바로잡아야 한다. 가톨릭 종교
의 중심에는 형체 없는 약간의 물질, 소량의 빵이 존재한
다. 이 한 조각 물질을 향하는 사랑은 비개인적일 수밖에
없다. 우리가 상상하는 인간의 모습을 한 그리스도도 아
니고, 우리의 상상 속에서 온갖 오류를 떠안을 수밖에 없
는 신성한 인격인 성부도 아닌, 그 한 조각 물질이 가톨릭
종교 중심에 있는 것이다. 그것은 가톨릭 종교가 내포하

는 가장 터무니없는 무엇인데, 바로 그 안에 이 종교의 가장 놀라운 힘이 존재한다고도 할 수 있다. 실제로 모든 참된 형태의 종교적 삶에는 그처럼 비개인적인 성격을 보장해 주는 무언가가 있다. 신에 대한 사랑은, 직접적이고도 개인적인 접촉이 아직 없었다면 비개인적이어야만 한다. 그렇지 않다면 그것은 가공의 사랑에 불과하다. 그런 다음 그 사랑은 개인적인 성격과 함께 보다 고차원적인 의미의 비개인적 성격을 다시 지녀야 한다.

우정

그러나 개인적이며 인간적인 사랑도 순수할 수 있으며, 신성한 사랑의 조짐과 반영을 담을 수 있다. 우정 – 이 말을 원래 의미 그대로 사용할 경우 – 이 바로 그것이다.

한 인간에 대한 편애는 자애와는 다른 것일 수밖에 없다. 자애는 비차별적이다. 자애가 특별히 어딘가로 쏠린다면, 연민과 감사의 주고받음을 야기하는 '불행'이라는 우연이 그 유일한 원인이다. 불행이 닥쳤을 때 누구에게나 그런 주고받음이 일어날 수 있는 거라면, 자애는 모든 인간에게 열린 가능성이라 할 수 있다.

어느 한 사람을 향한 개인적인 편애는 두 가지 성질을 띨 수 있다. 즉 상대에게서 어떤 좋은 것을 구하거나 상대를 필요로 한다는 것. 일반적으로 가능한 모든 애착은 그 두 유형으로 나뉜다. 우리가 무언가에 마음을 주는 것은, 거기서 어떤 좋은 것을 구하거나 혹은 그것 없이는 살 수 없기 때문이다. 때로 두 가지 동기가 공존하기도 한다. 그러나 대개는 그렇지 않다. 그 둘은 별개이며, 완전히 독립되어 있다. 우리에게 먹을 것이 없고 달리 어쩔 도리가 없다면 우리는 싫어하는 음식도 먹는다. 적당한 미식가라면 좋은 음식을 먹으려 하겠지만, 그게 없어도 별로 문제되지 않는다. 하지만 공기가 부족하다면 우리는 숨을 쉴 수 없다. 그것을 얻기 위해 발버둥칠 것이다. 거기서 어떤 좋은 것을 기대해서가 아니라 우리가 그것을 필요로 해서다. 반면 우리가 바닷바람을 쐬러 가는 건 그러지 않으면 안 되어서가 아니라 그게 즐겁기 때문이다. 그런데 시간이 흐르며 종종 첫 번째 동기에 두 번째 동기가 저절로 이어지기도 한다. 인간이 겪는 큰 고통 중 하나가 그것이다. 누가 어떤 고차원의 특별한 상태를 경험하기 위해 아편을 피운다고 하자. 대개는 그 때문에 연이어 끔찍한 상황에 빠져 자신이 망가져 가고 있음을 느끼지만, 그럼에도 그는 아편 없이는 지낼 수 없다. 아르놀프는 아네스를 그녀의 양어머니로부터 사들인다.[11] 집에 어린 소녀를 데려와 차츰 좋은 신붓감으로 만들겠다는 속셈에서였다. 하지만 나중에 그녀로 인해 이루 말할 수 없는 고통과 굴욕감을 맛보게 된다. 그러나 시간이 갈수록 그녀에 대한 애착은 일종의 생명줄이 되어 그는 끔찍한 말을 내뱉게 된다. "하지만 마음속으론 내가 죽어야 한다는 걸 느낀다……."

아르파공은 처음엔 금을 어떤 좋은 것으로 바라본다.[12] 하지만 나중에 금은 더 이상 끈질긴 집착의 대상이 아니라, 그게 없으면 그가 죽을 수도 있는 대상이 된다. 플라톤의 말처럼 필요한 것과 좋은 것의 본질은 크게 다르다.

한 인간에게서 좋은 것을 구하는 것과 그를 위해 좋은 것을 원하는 것 사이에는 아무 모순이 없다. 그러므로 어느 한 사람에게로 향하게 하는 동기가 단지 어떤 좋은 것을 구하기 위한 거라면 우정의 조건은 충족되지 않는다. 우정은 어떤 초자연적인 조화이며, 대립되는 것들의 결합인 것이다.

우리가 어느 한 인간을 어느 정도 필요로 할 때, 우리 자신에게 좋은 것을 포기하지 않고는 그에게 좋은 것을 원할 수 없다. 필요성이 존재하는 곳에는 강요와 지배가 있다. 우리는 자신이 필요로 하는 대상의 지배를 받는다. 우리가 그 대상의 소유주가 아니라면 말이다. 모든 사람에게 해당하는 핵심적인 선善은 스스로에 대한 자유로운 재량권이다. 그럼에도 그것을 포기하는 건 우상숭배의 범죄다. 우리는 신을 위해서만 그것을 포기할 권리가 있기 때문이다. 반대로 우리는 자신이 필요로 하는 존재에게서 그것을 박탈하려고도 한다.

온갖 종류의 메커니즘이 인간들 사이에 강철처럼 단단한 필요성을 지닌 애착을 형성한다. 모성애가 흔히 이런 성격을 띤다. 때론 발자크의 『고리오 영감』에서처럼 부성애도 그러하다. 『아내들의 학교』나 『페드라』[13]에서처럼 몹시 강렬한 형태의 육체적 사랑 역시 마찬가지다. 특히 그것은 습관의 힘이 작용하는 부부간의 사랑에서 아주 흔한 현상이다. 보다 드물게는 부모나 형제에 대한 사랑도 그럴 수 있다.

그런데 이 필요성에는 정도의 차이가 있다. 무언가를 상실했을 때 실제로 생명력의 감퇴가 일어나는 건 어느 정도 불가피하다. 생명 현상에 대한 연구가 물체의 낙하에 대한 연구만큼 진전을 이루었다고 했을 때, '생명력'이라는 말이 내포할 수 있는 정확하고도 엄정한 의미에서 말이다. 이 필요성이 극대치에 이를 경우 그 상실은 죽음을 초래한다. 한 존재의 생명력이 애착에 의해 다른 존재와 연결되어 있을 경우가 그렇다. 그보다 덜한 경우라도 그런 상실로 인해 적잖은 감퇴가 일어난다. 먹을 것이 하나도 없으면 죽게 되지만, 모자라면 그저 쇠약해지는 것과도 같은 이치다. 어쨌거나 우리는 인간이 활력을 유지하

242

려면 일정량 이상의 먹을 것이 필요하다고 여긴다.

애착 관계에서 형성되는 필요성의 가장 빈번한 원인은
공감과 습관의 어떤 결합이다. 탐욕이나 중독의 경우처
럼, 처음엔 그저 어떤 '좋은 것'을 추구하던 것이 시간
이 흐르며 '필요'로 바뀐 것이다. 그러나 탐욕이나 중독
을 비롯한 모든 악덕과 다른 점은, 애착 관계에서는 두 동
기 - 곧 선善에 대한 추구와 필요성 - 가 문제없이 공존할
수 있다는 것이다. 하지만 그 둘은 분리될 수도 있다. 그
런데 한 인간에 대한 다른 인간의 애착이 오로지 필요성
에 근거한다면, 그것은 견딜 수 없는 무엇이다. 세상에서
이 정도로 추하고 끔찍한 건 찾아보기 어렵다. 인간이 선
을 구하는 데 필요성만을 발견하게 되는 그 모든 상황에
는 어김없이 끔찍한 무언가가 존재한다. 사랑하는 사람이
갑자기 죽은 자의 머리를 하고 나타나는 내용의 이야기들
이 그런 상황을 생생하게 대변해 준다. 그러나 인간의 영
혼은 정말이지 온갖 거짓의 병기고 같아서 이 추함으로
부터 스스로를 보호하고, 오직 필요성밖에 없는 곳임에도
상상 속에서 거짓 선들을 지어낸다. 바로 이런 곳에서 추
함은 거짓을 강요하기에 어떤 악이 된다.

대개의 경우 이 필요성이 어떤 형태로든 너무 가혹하게
느껴져, 그 가혹함이 타격을 받는 이의 거짓의 능력을 넘

어설 때마다 불행이 존재한다. 가장 순수한 이들이 불행에 가장 쉽사리 노출되는 것도 그 때문이다. 영혼 속에서 거짓의 능력을 늘려 가는 자동적인 보호 반응을 막을 수 있는 이에게는 불행이 악이 되지는 않는다. 그것은 여전히 상처이며, 어찌 보면 실추이기도 하지만 말이다.

한 사람이 다른 사람에게 어느 정도 필요성이 내포된 애착 관계를 형성할 경우, 자신과 상대가 동시에 자율성을 보존하기를 바라는 건 불가능하다. 자연의 메커니즘대로라면 불가능하다. 하지만 초자연의 기적적인 개입이 있게 되면 가능해진다. 이 기적은 다름 아닌 우정이다.

"우정은 조화로 이루어진 평등이다"라고 피타고라스학파는 말했다. 신께서 세상과 인간을 창조하시면서 결합시킨 두 대립물, 곧 필연과 자유라는 두 대립물 사이의 초자연적인 합일이 있기에 조화가 존재한다. 우리가 자신과 타인 안에 자유로운 동의의 기능을 보존하기를 바라기에 평등이 존재한다. 누군가가 한 인간에게 종속되기를 바라거나 종속을 받아들일 때는 우정은 기미조차 찾기 어렵다. 라신이 묘사한 필라데스는 오레스테스의 친구가 아니다. 불평등한 관계에는 우정이 존재하지 않는다.

어느 정도의 상호성은 우정에 필수적이다. 한쪽이 호의를 전혀 보이지 않는다면 다른 한쪽도 마음속에 품은 애정을 거두어야 한다. 자유로운 동의를 존중하고 훼손하지 말아야 하기 때문이다. 어느 한쪽이 상대의 자율성을 존중하지 않는다면 이 상대는 스스로를 존중해 그 관계를 끊어야 한다. 굴종을 받아들이는 자는 우정을 얻을 수 없다는 것 또한 사실이다. 그런데 애정 관계에 내포된 필요성은 한쪽에만 존재할 수도 있는데, 이 경우엔 우정도 정확하고 엄밀한 의미에서 한쪽에만 존재한다.

자유로운 동의의 기능을 보존하려는 서로의 욕구가 잠시나마 필요성에 의해 제압당하는 순간, 우정은 곧 더럽혀지고 만다. 모든 인간사에서 필요성이야말로 불순함의 원인이다. 상대의 마음에 들려고 하거나 상대를 지배하려는 욕구가 조금이라도 존재하면, 우정은 모두 불순한 것이 되고 만다. 완벽한 우정에는 이 욕구가 완전히 부재한다. 두 친구는 자신들이 하나가 아니라 둘임을 완전히 인정한다. 서로 다른 두 피조물이라는 사실로 인해 둘 사이에 생겨난 거리를 존중한다. 인간이 직접적인 합일을 갈구해도 되는 대상은 오직 신뿐인 것이다.

우정이라는 기적을 통해 인간은 자신에게 음식만큼이나 필요한 그 존재에게 다가감 없이 거리를 두고 바라보는 것을 수락한다. 이거야말로 이브에게는 없었던 영혼의 힘인데, 사실 그녀에게 그 열매가 필요한 것도 아니었다. 그 열매를 바라보는 순간 배가 고팠을지언정 한 발도 다가서지 않고 무한정 바라보기만 했다면, 그녀는 완벽한 우정의 기적과도 유사한 어떤 기적을 이루었을 것이다.

인간의 자율성에 대한 존중이라는 초자연적인 미덕을 통해, 우정은 불행으로부터 야기된 연민과 감사의 순수한 형태들과 흡사하게 된다. 두 경우에 있어서 조화의 조건이기도 한 대립 개념은 필연과 자유, 혹은 종속과 평등이다. 그 두 쌍의 대립 개념은 등가물이다.

상대의 마음에 들려는 욕구와 지배하려는 욕구가 순수한 우정에는 부재하므로, 이 우정에는 애정과 동시에 철저한 무심無心이라 할 만한 무언가가 존재한다. 우정은 두 개인 사이의 관계이긴 해도 비개인적인 무언가를 내포한다. 객관적인 공정성을 훼손하지 않는 것이다. 햇빛과 비를 골고루 나누어 주시는, 하늘에 계신 '아버지'의 완전함을 모방하는 데 그것은 조금도 장애가 되지 않는다. 오히려 대개의 경우 우정과 이 모방은 상호 작용하며 서로를 북돋는다. 실제로 대다수의 사람들은 어느 정도 필요에 의해 다른 이들과 애정 관계를 맺게 되는데, 그럼에도 완벽에 다가서려면 이 애정을 우정으로 변화시켜야 한다. 우정에는 보편적인 무언가가 존재한다. 인류의 구성원 하나하나를 개인적으로 사랑할 수 있기를 바라듯 한 인간을 사랑하는 것, 그것이 바로 우정이다. 기하학자가 어떤 특정한 도형을 보면서 삼각형의 보편적 특성을 추론해 내듯, 사랑할 줄 아는 사람은 특정한 한 인간에게 보편적인 사랑을 쏟는다. 자신과 타인이 지닌 자율성을 보존하는 데 동의한다는 건 본질적으로 보편적인 무엇이다. 이처럼 하나 이상의 존재에게서 자율성을 지켜 내려 하는 순간, 그 욕구는 모든 존재에게로 확대되는 것이다. 더 이상은 이 땅에 중심점을 둔 원 안에 세상의 질서를 두지 않기 때문이다. 우리는 그 중심점을 하늘 위로 옮겨다 놓는다.

두 사람이 애정을 부당하게 오용해 서로 하나가 되었다고 믿는다면, 우정은 그런 효력을 발휘하지 못한다. 그렇게 되면 진정한 의미에서의 우정은 존재하지 않는다. 그 상황에서는 부부간의 결합조차 간음이 되고 만다고 할 수 있다. 거리가 유지되고 존중되는 곳에서만 우정이 존재한다.

어떤 점에 대해 사랑하는 사람과 같은 방식으로 생각함을 기뻐하거나, 혹은 의견의 그런 일치를 원한다는 사실만으로도 우정의 순수함을, 또한 지적인 정직성을 훼손할 수 있다. 그것은 몹시 흔한 현상이다. 순수한 우정이 드문 것만큼이나 말이다.

사람들 사이에 형성되는 애정과 필요성의 관계가 초자연적인 전환을 겪으며 우정으로 화하지 않는다면, 그 애정은 불순하고 저급한 것일 뿐 아니라 증오나 혐오와 뒤섞이게 된다.『아내들의 학교』와『페드라』에서 뚜렷이 드러나는 현상이다. 육체적인 사랑이 아닌 애정들에서도 그 메커니즘은 동일하다. 쉽사리 이해되는 일이다. 우리는 자신이 의지하는 대상을 증오한다. 그리고 우리에게 의지하는 대상에게 환멸을 느낀다. 때론 애정이 그런 감정들과 뒤섞일 뿐 아니라, 완전히 증오와 환멸로 변하기도 한다. 심지어 그런 변화가 거의 즉각적으로 일어나 어떤 애정이 모습을 드러낼 틈조차 없을 때도 있다. 필요성이 적나라하게 드러나는 경우가 그렇다. 사람들 사이를 이어주는 필요성이 애정 어린 성격을 띠지 않을 때, 그 필요성이 오로지 상황에서 비롯된 것일 때, 적개심이 대번 고개를 쳐들기 일쑤인 것이다.

그리스도께서 제자들에게 "서로 사랑하라"고 말씀하셨을 때, 그것은 서로에게 애착을 가지라는 뜻이 아니었다. 실제로 그들 사이엔 공통된 생각과 공통된 삶, 습관으로 인한 유대가 있었기에, 그는 이 유대가 불순한 애착이나 증오로 화하지 않도록 그것을 우정으로 변화시키라고 명하신 것이다.

그리스도께서 죽으시기 직전 이 말씀을 "이웃을 사랑하고 하느님을 사랑하라"는 명령에 새로운 명령처럼 덧붙이셨기에, 순수한 우정은 이웃에 대한 사랑처럼 성사와도 같은 무언가를 내포한다는 생각을 할 수 있다. 그리스도께서 "너희 중 두세 명이 내 이름으로 모이는 곳에는 내가 그들 가운데 있겠다"고 말씀하셨을 때는, 아마도 그리스도인들의 우정과 관련해 그 사실을 지적하려 했을 것이다. 순수한 우정이야말로 삼위일체의 이미지이며 신의 본질 자체이기도 한 본래의 완벽한 우정의 재현이다. 신께서 두 사람 각자 안에 현전하지 않으신다면, 하나가 된 두 사람이 자신들을 갈라놓은 거리를 세심하게 존중하기란 불가능하다. 두 평행선이 만나는 지점은 무한의 영역이다.

암묵적인 사랑과 명시적인 사랑

아무리 편협한 가톨릭 신자라 해도 연민, 감사, 세상의 아름다움에 대한 사랑, 종교 의례에 대한 사랑, 우정을 두고 그것들이 '교회'가 존재했던 시대와 나라들의 전유물이라고는 단언하지 못할 것이다. 순수한 형태의 이런 사랑들이 드문 건 사실이지만, 그것들이 다른 시대나 나라들보다 그 시대와 나라들에서 좀 더 잦았다고 단언하기도 어렵다. 그러나 그리스도께서 부재하시는 곳에서도 그런 사랑이 생겨날 수 있다고 믿는 것은, 그리스도를 경시하고 심지어 모독하는 행위다. 그런 믿음은 불경이며, 신성모독이라 할 만하다.

이 사랑들은 초자연적이다. 그리고 어찌 보면 부조리하다. 미친 짓이다. 영혼이 인격적인 신과의 직접적인 접촉을 갖지 않는 한, 그것들은 그 어떤 지식에도 - 경험에 근거하든, 추론에 근거하든 - 기댈 수 없다. 즉 그 어떤 확신에도 기댈 수 없는 것이다. 망설임의 반대를 지칭하기 위한 상징적인 의미로 이 말을 사용하지 않는다면 말이다. 결국 이 사랑들에는 어떤 믿음도 수반되지 않는 편이 바람직하다. 그것이 지적으로 더 정직한 행동이며 사랑의 순수성을 더 잘 지켜 준다. 어느 모로 보나 그 편이 더 낫다. 신에 관한 것들을 말할 때 '믿음'은 적절치 못하다. 확신만이 적절하다. 확신보다 못한 것들이라면 뭐든 신을 논할 자격이 없다.

준비 기간 동안 이 간접적인 사랑들은 영혼의 상승 운동을 만들어 낸다. 즉 모종의 노력이 곁들여진 위를 향한 시선이다. 그러나 신께서 처음에 오랫동안 그렇게 하듯 직접 오셔서 영혼을 방문할 뿐 아니라, 이제 영혼을 낚아채 그 중심을 자기 곁으로 옮겨 놓은 뒤에는 상황이 달라진다. 병아리가 껍질을 깨고 세상이라는 알 바깥으로 나온 것이다. 애초의 그 사랑들은 여전히 남아 한층 강렬한 성격을 띠지만, 그럼에도 이전과는 다른 모습이다. 이런 모험을 한 사람은 불행한 이들을, 그가 불행에 처했을 때 도와주는 사람들을, 친구들을, 종교 의례를, 세상의 아름다움을 전보다 더 사랑한다. 이 사랑들은 신의 빛과 뒤섞인 한 줄기 광선이 되어 마치 신 자신의 움직임처럼 하강 운동을 하게 된다. 적어도 우리는 그렇게 상정할 수 있다.

이 간접적인 사랑들은 그저 선善을 지향하는 영혼이 이 세상의 일들과 존재들에 대해 지니는 태도일 따름이다. 그렇다고 그 사랑들이 직접 선을 대상으로 삼지는 않는다. 이 세상에 선은 없다. 그러니 정확히 말해 그것들은 사랑이 아니다. 사랑하는 태도들일 뿐이다.

준비 기간 동안 영혼은 헛되이 사랑한다. 실재하는 무언가가 자신의 사랑에 응답하는지 여부도 알지 못한다. 스스로는 안다고 믿을지 몰라도, 믿는 것이 아는 것은 아니다. 그 믿음이 도움이 되지도 않는다. 영혼은 그저 자신이 굶주려 있음을 확실히 알 뿐이다. 중요한 것은, 영혼이 자신의 굶주림을 호소한다는 것이다. 빵이 없을지 모른다고 암시해도 아이는 빵을 달라고 계속 조르는 것이다. 이 암시와 상관없이 말이다.

위험은 영혼이 빵이 있는지 없는지 의심하는 게 아니라,

어떤 거짓에 넘어가 자신이 배가 고프지 않다고 확신하는 것이다. 오로지 거짓에 넘어감으로써만 그렇게 확신할 수 있다. 실제로 영혼이 굶주려 있음은 믿음의 대상이 아니라 확실한 사실이기 때문이다.

이 세상에 선은 없다는 것, 이 세상에서 선처럼 보이는 건 모두 유한하며 한정되어 있고 소진된다는 것, 일단 소진되고 나면 필연성이 적나라한 모습을 드러낸다는 것. 우리 모두는 이 사실을 알고 있다. 살면서 누구나 이 세상에 선은 없다고 분명히 인정한 순간이 아마도 여러 차례 있었을 것이다. 그러나 우리는 이 진리를 알게 된 순간 곧 거짓으로 은폐한다. 심지어 많은 이들이 슬픔에서 병적인 즐거움을 찾고 진리라 선포하면서 만족해한다. 진리를 직시하는 것을 단 1초도 견딜 수 없었던 사람들이다. 잠시나마 그 진리를 직시한다는 건 치명적으로 위험한 일임을 그들은 감지한다. 사실 그렇다. 이 앎은 검보다 더 치명적이다. 육신의 죽음보다 더 두려운 죽음을 가져다주기 때문이다. 시간이 지나면서 이 앎은 우리가 '나'라고 부르는 모든 것을 우리 안에서 제거한다. 그것을 견디려면 진리를 생명보다 더 사랑해야 한다. 플라톤의 표현대로라면, 그런 사람들은 덧없는 것을 온 영혼을 다해 무시해 버린다.

252

그들이 신을 향해 돌아서는 것은 아니다. 칠흑 같은 어둠 속에서 어떻게 그럴 수 있단 말인가? 신 자신이 그들에게 적절한 방향을 정해 주신다. 하지만 그는 한참이 지나서야 그들에게 모습을 드러내신다. 그러니 그들은 꼼짝 않고 있어야 한다. 시선을 돌려서도 안 되며, 계속 귀 기울이고 무언지 모르는 그것을 기다려야 한다. 애원과 협박에 귀를 막고, 충격을 받아도 흔들리지 않아야 한다. 긴 기다림 뒤에 신께서 어렴풋이 빛을 예감케 해주시거나 직접 모습을 드러내 보이신다 해도, 그것은 한순간에 지나지 않는다. 다시 꼼짝 않고 귀 기울여야 한다. 갈망을 감당할 수 없을 때만 부르짖으며, 움직이지 않고 기다려야 한다.

영혼은 신께서 자신의 실재를 드러내 보이지 않으시면 그 실재를 믿을 수 없다. 영혼은 다른 것에다 신의 이름을 레테르처럼 갖다 붙이는데, 그것은 우상숭배다. 혹은 신에 대한 믿음이 추상적이고 공허한 것으로 남는다. 종교적 교리를 의심한다는 건 상상할 수조차 없는 나라와 시대에 그런 일이 벌어진다. 이 비非신앙의 상태야말로 십자가의 성 요한이 '밤'이라 부른 무엇이다. 이런 신앙은 공허하며, 영혼 속으로 침투하지 못한다. 우리가 사는 이런 시대에는 불신앙과 회의가 십자가의 성 요한이 말한 '캄캄한 밤'에 해당할지 모른다. 회의하는 인간이 신을 사랑한다면, 그가 어딘가에 빵이 있다는 사실을 모르는 어린아 이처럼 배가 고파 울고 있다면 말이다.

우리가 빵을 먹는다면, 아니, 먹은 적이 있다면 우리는 빵 이 실재한다는 걸 안다. 그럼에도 빵의 실재를 의심에 부 칠 수는 있다. 철학자들은 감각 세계를 의심에 부친다. 하 지만 그것은 순전히 사변적인 의심으로서 확실성을 손상 하지 않으며, 올바른 지향점을 지닌 정신이라면 오히려 더 강한 확신을 갖게 된다. 신께서 자신의 실재를 드러내 보이셨던 사람도 물론 이 실재를 쉽사리 의심에 부칠 수 있다. 그것 역시 순전히 사변적인 의심이지만, 지성의 건 강에는 유용한 훈련이다. 그러나 그런 계시를 받기 전이 라 해도, 그리고 받은 뒤에는 더더욱, 신이 사랑받을 가치 가 있는 유일한 대상임을 의심하는 건 배신의 범죄 행위 다. 그것은 시선을 돌리는 행위다. 사랑은 영혼의 시선이 다. 한순간 멈춰 서서 기다리고 귀 기울이는 것이다.

엘렉트라는 오레스트를 찾지 않고 기다린다. 그는 더 이상 존재하지 않는다고, 오레스트라는 대상은 세상 어디에도 없다고 믿게 된 순간에도, 그녀는 예전의 무리에게로 돌아 가지는 않는다. 그녀는 더 큰 혐오감으로 그들과 거리를 둔다. 오레스트의 부재를 다른 어떤 현전보다 더 사랑하는 것이다. 오레스트가 그녀를 노예 상태로부터, 누더기 옷과

노역과 더러움과 굶주림, 매질과 무수한 굴욕으로부터 구해 줄 것이다. 이제 그녀는 그 소망을 버린다. 그럼에도 호사스럽고 명예로운 삶을 보장해 주는 다른 방법, 강한 자들과의 화해라는 방법을 강구할 생각은 단 한 순간도 하지 않는다. 오레스트가 마련해 주는 게 아니라면, 풍족함도 존경도 얻으려 하지 않는다. 그런 것들은 생각조차 하지 않는다. 오레스트가 존재하지 않는 순간부터 그녀 자신도 존재하지 않는 것, 그것이 그녀가 원하는 전부다.

그 순간 오레스트는 더 이상 참지 못한다. 자신의 이름을 밝히지 않을 수 없다. 자신이 오레스트라는 확실한 증거를 댄다. 엘렉트라는 그를 보고, 그의 말을 듣고, 그를 만진다. 자신의 구원자가 존재하는지, 더는 의문을 품지 않는다.

엘렉트라의 모험을 경험한 사람, 바로 영혼으로 보고 듣고 만졌던 사람, 그 사람은 그림자와도 같았던 그 간접적인 모든 사랑의 실재를 신을 통해 깨닫는다. 신은 순수한 아름다움이다. 그건 불가사의한 일이 아닐 수 없는데, 아름다움은 본질적으로 감각적인 것이기 때문이다. 그럼에도 비非감각적인 아름다움을 말한다는 건, 정신의 어떤 엄격함을 요구하는 사람에게는 모종의 언어 남용처럼 여겨지며, 그것은 당연한 일이다. 아름다움은 언제나 하나의

기적이다. 그런데 영혼이 비감각적인 아름다움의 느낌을
받을 때는 제2의 기적이 존재한다. 추상적인 느낌이 아니
라, 어떤 노래가 들리는 순간 우리가 갖게 되는 그런 구체
적이고도 직접적인 느낌이라면 말이다. 침묵은 소리의 부
재가 아니라, 소리보다 무한히 더 현실적인 무엇이라는
사실이 기적적으로 감각 자체에 뚜렷이 와닿았다고나 할
것이다. 여러 음의 조합이 만들어 낼 수 있는, 아름다움을
넘어선 더없이 완벽한 화음의 공략이 바로 침묵이다. 그
런가 하면 침묵에도 등급이 있다. 신의 침묵에 비하면 하
나의 소음과도 같은, 세상의 아름다움이 내포하는 침묵도
있는 것이다.

신은 진정한 이웃이기도 하다. '인격'은 정확히 말해 신께
만 적용되는 용어이며, '비非인격'이라는 말도 그렇다. 신
은 우리를 ─ 그저 의식을 잃고 피 흘리는 한 줌의 살덩이
로 화한, 불행에 빠진 우리를 ─ 굽어보시는 분이다. 그와
동시에, 어찌 보면 오직 생명 없는 육신의 모습으로만 우
리 앞에 나타나는 이 불행한 이기도 하다. 일체의 생각이
부재하는 듯 보이는 육신, 아무도 그 신분이나 이름을 알
수 없는 불행한 이다. 생명 없는 육신, 그것이 바로 창조
된 이 우주다. 그리고 우리가 도달할 수만 있다면 지고의
완벽을 선사해 줄, 신께 바쳐야 하는 이 사랑이야말로 감
사 그리고 연민의 신성한 모범이다.

신은 또한 비길 데 없는 친구이기도 하다. 그와 우리 사이에 놓인 무한한 거리를 가로질러 어떤 동등함이 존재하도록, 그는 자신의 피조물들 안에 절대적인 무언가를 두고자 했다. 우리가 그를 지향하도록 마련해 둔 방향에 동의할 수도, 하지 않을 수도 있는 절대적 자유다. 신의 이름을 올바로 사용하지 못할 경우 우리는 상상 속에서 우주와 인간은 물론 신 자신마저 지배하게 되는데, 신은 그런 잘못된 기능을 우리에게 허락하실 만큼 우리 안에 오류와 거짓의 가능성을 확대하셨다. 그가 우리에게 이런 무한한 환상의 기능을 부여하신 건, 우리가 사랑의 힘으로 그것을 단념하도록 하기 위해서다.

결국 신과의 접촉은 진정한 성사다.

그러나 신에 대한 사랑 때문에 이 세상에 대한 순수한 사랑이 사라지고 만 이들은 신의 가짜 친구들임을 거의 확신해도 좋다.

영혼과 신 사이에 직접적인 접촉이 있었다 해도, 이웃과 친구들, 종교 의례, 세상의 아름다움이 비현실적인 무언가로 전락하지는 않는다. 오히려 그 접촉이 있고서야 그것들은 현실성을 띠게 된다. 그 전에는 반쯤 꿈을 꾸는 상태였고, 현실은 전혀 존재하지 않았었다.

주기도문에 관하여

Πάτερ ἡμῶν ὁ ἐν τοῖς οὐρανοῖς

하늘에 계신 우리 아버지

그는 우리의 '아버지'다. 우리 안에 실재하는 그 무엇도 그
에게서 유래하지 않은 게 없다. 우리는 그에게 속해 있다.
그는 우리를 사랑하신다. 그는 스스로를 사랑하시고, 우
리는 그의 것이기 때문이다. 그러나 그는 하늘에 계신 아
버지다. 다른 어느 곳에 계신 분이 아니다. 우리가 이 세
상에 어떤 '아버지'가 있다고 믿는다면, 그것은 그가 아닌
가짜 신이다. 우리는 그를 향해 한 발도 내디딜 수 없다.
수직으로 걸을 수는 없기 때문이다. 우리의 시선만 그를
향해 돌릴 수 있다. 그를 찾으려 해서는 안 되며, 그저 시

258

선의 방향을 바꿔야 한다. 그가 우리를 찾으시는 것이다. 그는 우리가 닿을 수 없는 무한히 먼 곳에 계시다는 것, 이 사실을 알고 기뻐해야 한다. 우리 안에 있는 악이 우리의 존재를 온전히 잠식할지라도 신의 순수함과 지복,^{至福} 완벽은 조금도 더럽힐 수 없음이 분명하니 말이다.

ἁγιασθήτω τὸ ὄνομά σου
아버지의 이름이 거룩히 빛나시며

오직 신만이 스스로를 명명할 수 있다. 인간이 그의 이름을 입에 담을 수는 없는 것이다. 그의 이름은 그의 말이다. 즉 '말씀'이다. 한 존재의 이름은 인간의 정신과 그 존재를 이어 주는 매개물이다. 즉 그 존재가 부재할 때 인간의 정신이 그에 대해 무언가를 파악할 수 있게 해주는 유일한 길인 것이다. 신은 부재한다. 하늘에 계시기 때문이다. 인간은 오직 그의 이름을 통해서만 그에게 다가갈 수 있다. 그 이름은 '중보자'다. 그 이름 역시 초월적이긴 마찬가지지만, 그래도 인간은 그것에 다가갈 수 있다. 그것은 세상의 아름다움과 질서 속에서, 인간 영혼이 지닌 내면의 빛 속에서 환히 빛난다. 그 이름은 거룩함 자체다. 그 이름을 벗어나선 거룩함도 존재하지 않는다. 그러므로 그 이름이 성화될 필요는 없다. 그럼에도 우리는 이런 성화를 간구하면서, 우리로서는 눈곱만한 무언가도 보태거나 감할 수 없는 충만한 실재와 영원히 함께하는 그것을 간구한다. 존재하는 것 – 우리의 간구와는 전적으로 무관하게 실제로, 확실하게, 영원히 존재하는 것 – 을 간구함이야말로 완벽한 간구다. 우리는 욕구하지 않을 수 없다. 우리는 욕구다. 이 욕구가 우리를 가공의 것에, 시간에, 에고이즘에 못 박는다. 그러나 우리가 앞서 말한 간구 속에 이 욕구를 모조리 투입시키면, 이 욕구를 지렛대 삼아 가공의 세계로부터 현실로, 시간으로부터 영원으로 달아날 수 있게 된다. 자아의 감옥 밖으로 달아나는 것이다.

ἐλθέτω ἡ βασιλεία σου
아버지의 나라가 오시며

이제 문제가 되는 것은, 와야만 하는 무엇이며 이곳엔 없는 무엇이다. '신의 나라', 그것은 지적인 피조물들의 온 영혼을 가득 채워 주는 '성령'이다. 성령의 바람은 불고 싶은 대로 분다. 우리는 그것을 부를 수 있을 뿐이다. 특별히 그것이 자신에게, 혹은 이런저런 타인에게, 혹은 모두에게 임하도록 부르겠다고 생각해서는 안 된다. 그저 순수한 마음으로 불러야 한다. 그것을 생각하는 것 자체가 어떤 부름이요 절규여야 한다. 극도로 목이 마를 때, 목이 말라 죽을 것만 같은 순간에, 우리는 자기 자신 혹은 다른 누군가가 물을 마시는 모습을 상상하지는 않는다.

그저 물, 물 자체만을 떠올린다. 그 순간 이 물의 이미지
는 온 존재의 절규와도 같다.

γενηθήτω τὸ θέλημά σου
아버지의 뜻이 이루어지소서

우리는 오로지 과거에 대해서만 신의 뜻을 절대적으로 확
신할 수 있다. 과거에 일어난 사건들은 뭐든 모두 전능하
신 '아버지'의 뜻에 부합하는 것이다. 전능이라는 개념에
그 사실이 함축되어 있다. 미래 역시 어떤 모습을 갖추게
되든, 일단 완성된 미래는 신의 뜻을 따라 완성되어 있을
것이다. 우리가 거기에 더하거나 뺄 수 있는 건 아무것도
없다. 그러므로 가능성을 향한 욕구의 도약이 있은 뒤에,
우리는 다시 한번 위의 문장을 통해 '지금 존재하는 것'
을 구하게 된다. 더 이상 거룩한 '말씀'과 같은 영원한 현
실을 구하지는 않는다. 여기서 우리가 구하는 대상은 시
간 속에서 일어나는 것이다. 그러나 우리는 시간 속에서
일어나는 그것이 신의 의지와 한 치의 오류도 없이 영원
히 일치하기를 간구한다. 첫 간구를 통해 욕구를 시간에
서 잡아채 영원에 적용시켜 변형한 다음에는, 어찌 보면
영원성을 띠게 된 그 욕구를 다시 취해 시간에 새롭게 적
용시키는 것이다. 그런 식으로 우리의 욕구는 시간을 뚫
고 들어가 그 이면의 영원을 발견한다. 이루어진 모든 사

건을 그게 뭐든 우리가 욕구의 대상으로 삼게 될 때 그런 일이 일어난다. 그것은 단념과는 전혀 다른 무엇이다. '수락'이라는 말조차 너무 약하다. 우리는 일어난 모든 일이 그렇게 일어난 걸 바라야 하며, 그 밖의 무엇도 바라선 안 된다. 일어난 그 일이 좋아 보여서가 아니라, 신께서 그것을 허락하셨으니 그렇게 해야 한다. 일이 일어나는 동안 신께 복종한 것 자체가 절대적인 선이기 때문이다.

ὡς ἐν οὐρανῷ καὶ ἐπὶ τῆς γῆς
하늘에서와 같이 땅에서도

우리의 욕구를 신의 전능하신 의지와 연결 짓는 일은 영적인 대상들에게로 확장되어야 한다. 우리와 우리가 사랑하는 이들의 영적 성장과 감퇴는 저세상과 관계되지만, 이 세상의 시간 속에서 일어나는 사건이기도 한다. 그러므로 그것은 사건들로 이루어진 광막한 바다의 세부 사항들로서, 신의 뜻을 따라 그 넓은 바닷물과 함께 요동친다. 우리가 과거에 경험한 실패는 이미 일어난 것이기에, 우리는 그것이 일어났기를 바라야 한다. 그리고 이 바람을 언젠가는 과거가 되어 있을 미래로 확장시켜야 한다. 이런 조정을 통해서만 우리는 신의 나라가 오게 해달라고 간구할 수 있다. 우리는 모든 욕구를 버리고 영원한 삶을 바라야 하지만, 영원한 삶 자체마저 포기하며 바라야 한다. 초연한 정신에조차 집착해선 안 된다. 구원에 대한 집착은 다른 어떤 집착보다 더 위험하다. 우리가 죽도록 목이 마를 때 물을 생각하듯 영원한 삶을 생각해야 한다. 그런가 하면 자신과 사랑하는 이들이 신의 뜻을 거스르며 이 물을 마음껏 마시기보다는 – 그런 일이 있을 수 있다는 가정하에 – 영원히 마실 수 없기를 바라야 한다.

앞서 등장하는 세 가지 간구는 삼위일체의 세 위격인 성부·성자·성령과 관련됨과 동시에, 과거·현재·미래라는 시간의 세 부분과도 관련된다. 이어지는 세 가지 간구는 시간의 세 부분에 더 직접적으로, 그러나 현재·과거·미래라는 다른 순서로 관여한다.

τὸν ἄρτον ἡμῶν τὸν ἐπιούσιον δὸς ἡμῖν σήμερον
우리의 빵, 초자연적인 그 빵을 오늘 우리에게 주시고

그리스도는 우리의 빵이다. 우리는 지금 먹을 빵만을 요구할 수 있다. 실제로 그는 항상 그곳에, 우리 영혼의 문간에 있다. 그가 들어오는 것을 우리가 동의한다면 그는 들어오시지만, 우리가 더 이상 원치 않으면 그 순간 당장 떠나시고 만다. 오늘 우리가 지닌 의지를 내일을 위해 붙들어 둘 수는 없다. 내일 그가 기필코 우리 안에 거하시도록 오늘 그와 계약을 맺을 수는 없는 것이다. 그의 현전에 대한 우리의 동의는 그의 현전이나 마찬가지다. 동의는 하나의 행위이며 현재형일 수밖에 없다. 우리에겐 미래에 적용될 수있는 의지는 주어지지 않았다. 우리의 의지 속에서 효력을발휘하지 못하는 건 모두 환상이다. 의지의 효과적인 부분은 그 당장에 효력을 발휘하며, 그 효력은 의지 자체로부터 분리될 수 없다. 의지의 효과적인 부분은 미래를 지향하는 노력이 아니다. 그것은 동의이며 혼인의 '예스'다. 이순간을 위해 이 순간 발설된, 그러나 영원한 말처럼 발설된 '예스'다. 그것은 그리스도가 우리 영혼의 영원한 부분과 결합되는 것에 대한 동의이기 때문이다.

우리에겐 빵이 있어야 한다. 우리는 끊임없이 외부에서우리의 에너지를 취하는 존재다. 그 에너지를 받을 때마다 노력을 쏟으며 소진시킨다. 날마다 새로운 에너지를받지 않는다면 우리는 힘을 잃고 움직일 수조차 없게 된다. 본디 의미의 양식 외에도 모든 자극이 우리에겐 에너지원이 된다. 돈, 승진, 존경, 훈장, 명성, 권력, 사랑하는이들, 우리 안에 행동력을 부여하는 모든 것이 빵과 다름없다. 이 집착의 대상들 중 하나가 우리 안에 아주 깊게,육적인 존재의 중대한 뿌리까지 침투하면, 그것이 결핍되었을 때 우리는 몹시 상심하거나 심지어 죽을 수도 있다.말하자면 슬픔에 겨워 죽는 것이다. 그것은 굶어 죽는 것과도 같다. 이 모든 집착의 대상은 본디 의미의 양식과 더

불어 이 세상의 빵이 되어 준다. 그런데 그 빵이 우리에게 주어지느냐 주어지지 않느냐는 온전히 상황에 달려 있다. 우리는 그 상황이 신의 뜻에 합당한 것이기를 간구할 뿐, 그것과 관련해 아무것도 요구해선 안 된다. 이 세상의 빵을 요구해선 안 된다는 말이다.

하늘에 원천을 둔 초월적인 에너지가 있는데, 그것은 우리가 갈구하는 순간 우리 안으로 흘러든다. 그것은 정말이지 어떤 에너지여서, 우리의 영혼과 우리의 몸을 매개로 행동을 완수한다.

우리는 그 양식을 구해야 한다. 우리가 그것을 간구하는 순간, 바로 우리가 그것을 원하기에, 우리는 신께서 우리에게 그것을 주고 싶어 하심을 안다. 그 양식 없이 단 하루도 버티려 해선 안 된다. 이 세상의 필연성에 종속된 지상의 에너지가 우리의 행동을 북돋는다면, 우리는 악을 행하고 생각할 수밖에 없다. "신은 땅 위에 인간의 악행이 늘어 가고 그 마음속 생각의 산물이 언제나 악하기만 한 것을 보았다."[14] 하늘로부터 주어지는 에너지가 우리 안으로 들어오는 순간을 제외하곤, 우리에게 악을 강요하는 필연성이 우리 안의 모든 걸 지배한다. 하지만 우리가 그 순간의 에너지를 비축해 둘 수는 없다.

καὶ ἄφες ἡμῖν τὰ ὀφειλήματα ἡμῶν,

ὡς καὶ ἡμεῖς ἀφίεμεν τοῖς ὀφειλέταις ἡμῶν

우리가 우리에게 빚진 자들의 빚을 면제해 주었듯

우리의 빚을 면제해 주소서

이 말을 입 밖에 내는 순간 이미 모든 빚을 면제한 상태여
야 한다. 우리가 겪었다고 생각되는 모든 모욕에 대한 배
상뿐 아니라, 우리가 행한 듯싶은 선에 대한 감사의 보답
도 포기해야 하는 것이다. 일반적인 견지에서 우리가 사
람들과 사물들로부터 기대하는 모든 것, 우리의 당연한
몫 – 그것 없이는 우리가 좌절감을 느끼게 될 – 이라 여겨
지는 모든 것을 포기해야 한다. 즉 과거가 우리에게 준다
고 여겨지는, 미래에 대한 모든 권리를 포기해야 한다는
말이다. 어떤 영속성에 대한 권리를 우선 생각해 볼 수 있
겠다. 우리가 오랫동안 무언가를 누릴 때는 그것이 우리
것이라 믿으며, 우리가 그것을 더 누리도록 운명이 우리
에게 허락해야 한다고 믿는 것이다. 그런가 하면 우리는
어떤 성질의 노력이든 각각의 노력과 일, 고통 혹은 욕구
에 대해 보상받을 권리가 있다고 믿는다. 어떤 노력을 쏟
았을 때 그에 상응하는 무언가가 가시적인 열매의 형태로
돌아오지 않으면, 우리는 불안과 허탈감을 느끼며 갈취당
했다는 생각을 하는 것이다. 어떤 모욕을 감수할 때는 그
모욕을 가한 사람이 벌을 받거나 사과할 거라 기대하며,

어떤 선을 행할 때는 은혜를 입은 사람의 감사를 기대한다. 이 모두는 우리 영혼의 보편적인 법칙의 개별적인 사례들에 불과하다. 우리 안에서 무언가가 나올 때마다, 우리는 적어도 그에 상응하는 무언가가 우리 안으로 들어오기를 절실히 필요로 한다. 필요하기 때문에 권리가 있다고 믿는다. 모든 사람, 모든 것, 우주 전체가 우리에게 빚을 지고 있는 것이다. 우리는 사방에 대고 빚을 갚으라고 할 권리가 있다고 믿는다. 우리가 빚진 자들에게 행사할 수 있다고 믿는 이 모든 권리에는 언제나 과거가 미래에 대해 행사하는 가상의 권리에 대한 믿음이 있다. 그런데 우리가 포기해야 하는 게 바로 그것이다.

우리에게 빚진 자들의 빚을 면제해 주었다는 건, 우리가 과거를 모조리 포기했다는 말이다. 미래는 아직 때 묻지 않은 순결한 것임을 인정해야 한다. 그것은 우리가 모르는 관련성들로 과거에 단단히 연결되어 있으면서도, 우리의 상상력이 부과하는 관련성들로부터 완전히 자유로운 것임을 인정해야 한다. 무슨 일이든 일어날, 특히 우리에게 일어날 가능성을 인정해야 하며, 내일이라는 날은 우리의 지난 삶을 모조리 헛되고 무익한 것으로 만들 수도 있음을 인정해야 한다.

과거의 소산들을 모조리, 예외 없이, 단번에 포기함으로써, 우리는 과거의 죄가 우리 영혼 안에 악과 과오의 비참한 열매를 맺지 않도록 신께 간구할 수 있다. 우리가 과거에 집착하는 한, 신 자신도 우리 안에 끔찍한 열매가 열리는 걸 막으실 수 없다. 우리가 과거에 집착하게 되면, 우리가 저지른 범죄에도 집착하지 않을 수 없다. 우리 안의 가장 근본적인 악은 우리에게 미지의 영역이기 때문이다.

채무자인 우주에 대해 우리가 행사할 수 있는 주된 권리는, 우리라는 인격의 연속성이다. 이 권리야말로 모든 다른 권리의 전제 조건이다. 생존 본능에 따라 우리는 이 연속성을 하나의 필연성으로 여기게 되며, 이 필연성을 권리라 믿는다. 탈레랑[15]에게 "저는 살아야 합니다"라고 말한 걸인처럼 말이다. 그러나 탈레랑은 그에게 "나는 그럴 필요성을 모르겠네"라고 대답한다. 우리의 인격은 외적인 상황 - 그 인격을 짓밟을 수 있는 무한한 힘을 지닌 - 에 달려 있다. 그러나 우리는 죽어도 그 사실을 인정하려 들지 않을 것이다. 우리에게 균형 잡힌 세계란, 우리의 인격이 손상됨 없이 고스란히 우리 것이라 여겨지는 그런 상황의 연속이다. 우리의 인격에 상처를 준 과거의 모든 상황이 우리에겐 균형의 파괴로 - 언젠가는 정반대 현상으로 반드시 보상받아야 하는 - 보인다. 우리는 이 보상을 기대하며 산다. 임박한 죽음이 두려운 건 무엇보다 이 보상이 주어지지 않을 것임을 깨달을 수밖에 없기 때문이다.

빚의 면제는 자아를 포기함이다. 내가 '나'라고 일컫는 모든 것을 포기하는 것이다. 거기에 예외는 없다. '나'라고 부르는 것 안의 모든 것은, 모든 심리적 요인은 외부 상황에 의해 모조리 사라질 수 있음을 알아야 한다. 그 사실을 인정해야 한다. 그렇다는 사실을 기뻐해야 한다.

"당신의 뜻이 이루어지소서"라고 우리가 온 영혼을 다해 외운다면, 이 말은 그런 인정을 내포하게 된다. "우리가 우리에게 빚진 자들의 빚을 면제해 주었다"라고 잠시 뒤에 말할 수 있는 것도 그 때문이다.

빚의 면제는 영적인 가난이며 영적인 헐벗음, 죽음이다. 우리가 죽음을 완전히 받아들인다면, 우리는 우리 안의 악에서 벗어나 다시 살게 해달라고 신께 간구할 수 있다. 그에게 우리의 빚을 면제해 달라고 간구하는 건, 우리 안에 있는 악을 제거해 달라고 간구하는 일이기 때문이다. 용서는 정화淨化다. 우리 안에 존재하고 머무르는 악은, 신자신조차 용서할 힘이 없다. 신은 우리를 완벽의 상태에 두셨을 때 우리의 빚을 면제하신 것이다.

그때까지는, 우리에게 빚진 자들의 빚을 우리가 면제하는 만큼 신께서도 우리의 빚을 부분적으로 면제해 주신다.

καὶ μὴ εἰσενέγκῃς ἡμᾶς εἰς πειρασμόν,

ἀλλὰ ῥῦσαι ἡμᾶς ἀπὸ τοῦ πονηροῦ

우리를 시험에 들지 않게 하시고, 악에서 보호하소서

인간이 빠지는 유일한 시험은, 악을 접하여 홀로 버려진 상태가 되는 것이다. 그 순간 인간은 무無라는 사실이 경험에 의해 입증된다. 영혼이 간구하는 순간 초자연적인 빵을 받았을지언정 그 기쁨에는 두려움이 섞여 있다. 오직 현재를 위해서만 그 빵을 간구할 수 있기 때문이다. 미래는 여전히 두려운 것이다. 영혼은 내일 먹을 빵을 구할 권리가 없으며, 자신의 두려움을 간구의 형태로 표현한다. 그리고 간구로 끝을 맺는다. '아버지'라는 단어로 시작된 기도는 '악'이라는 단어로 끝난다. 신뢰에서 두려움으로 나아가야 하는 것이다. 두려움으로 인해 실추하지 않으려면 오직 신뢰를 통해 충분한 힘을 부여받아야 한다. 신의 이름과 신의 왕국, 신의 뜻을 묵상한 뒤에, 초자연적인 빵을 받은 뒤에, 악으로부터 정화된 뒤에 영혼은 모든 미덕의 정점인 진정한 겸손을 위한 준비가 된다. 이 세상에서 영혼은 오롯이 – 우리가 온전한 자아라 부르는 것뿐 아니라 영혼 안에 현전하는 신이신 영혼의 초자연적인 부분 또한 – 시간과 연속적인 변화에 종속된다는 사실을 아는 것, 그것이 겸손이다. 우리 안의 모든 자연적인 것은 파괴될 가능성이 있음을 철저히 인정해야 한다. 그러나 영혼의 초자연적인 부분 역시 사라질 수 있다는 가능성에 대해서는, 그 사실을 받아들임과 동시에 물리쳐야 한다. 오직 신의 뜻에 따라 일어나는 사건으로서 받아들이는 것이며, 끔찍한 무엇이기에 물리치는 것이다. 그것은 두려워해야 할 무엇이다. 그러나 그 두려움은 신뢰의 완성과도 같은 것이어야 한다.

이 여섯 가지 청원은 둘씩 짝을 이루어 화답한다. 초월적인 빵은 신의 이름이나 마찬가지다. 인간과 신의 접촉을 야기하는 무엇이다. 신의 나라는 악으로부터 우리를 보호해 주는 그의 손길과 매한가지인데, 보호는 왕의 기능이다. 우리에게 빚진 자들의 빚을 면죄해 준다는 건 신의 뜻을 전적으로 받아들인다는 말이다. 앞서 나오는 세 가지 청원은 오로지 신께 주의를 돌린다는 점이 다르다. 반면 이어지는 세 청원에서 우리는 주의를 우리 자신에게로 돌림으로써 이 청원들이 상상이 아닌 현실의 행위가 되게끔 한다.

기도의 전반부는 수락에서 시작되며, 뒤이어 우리는 소원을 발한다. 그 다음엔 태도를 바꾸어 수락으로 되돌아온다. 후반부에선 순서가 바뀌어, 기도는 소원의 말로 끝을 맺는다. 소극적인 것이 된 소원이 어떤 두려움으로 표출되는 것이다. 그렇게 그 소원은 최고의 겸손에 해당하는 적절한 맺음말이 되어 준다.

이 기도는 가능한 모든 요청을 내포한다. 이 기도에 이미 포함되어 있지 않은 기도를 우리는 상상해 볼 수 없다. 이 기도가 일반 기도에 대해 갖는 관계는, 그리스도께서 인류에 대해 갖는 관계와 같다. 우리가 각각의 단어에 온 정신을 집중해 이 기도를 드린다면, 지극히 작은 변화일지언정 실질적인 어떤 변화가 영혼 안에 일어나지 않을 수 없다.

노아의 세 아들과 지중해 문명사

노아와 그 아들들에 관한 전승은 지중해 문명사를 환히 조명해 준다. 히브리인들이 증오에 차서 첨가한 내용은 삭제되어야 한다. 그들의 해석은 확실히 전승 자체와 무관하다. 그들은 함에게 잘못을 전가해 그의 아들들 중 한 명인 가나안에게 저주가 내리도록 하기 때문이다. 여호수아의 인도를 받던 시절, 히브리인들은 자신들이 가나안 땅의 수많은 도시와 민족들을 멸절시켰음을 자랑했다. 자기 개를 물에 빠트려 죽이려는 자는 그 개가 미쳤다고 주장한다. 개를 이미 죽인 경우라면 더더욱 그렇다. 그러니 희생자에게 불리한 증언을 살인자로부터 들어선 안 되는 법이다.

야벳은 인도-유럽인이라 일컬어지는 유목민들의 조상이다. 셈은 셈족을 포함해 히브리인들, 아랍인들, 아시리아인들의 조상이다. 확실치 않은 언어적 이유로 인해 오늘날 우리는 페니키아인들도 거기에 포함시킨다. 죽은 자는 말이 없기에, 어떤 이들은 자신들의 현재 의도에 따라 과거를 끼워 맞춰 페니키아인들과 히브리인들을 동족이라 대놓고 주장하기도 한다. 성서의 텍스트들은 두 민족의 공통점에 대해 어떤 암시도 하지 않지만 말이다. 창세기에는 페니키아인들이 함의 자손으로 나온다. 오늘날 우리가 크레타인이라고 – 따라서 펠라스기인이라고 – 여기는 블레셋인들 역시 마찬가지다. 셈족의 침략이 있기 전의 메소포타미아 주민, 곧 수메르인들 – 나중에 바빌로니아인들이 그 문명을 빌려 오는 – 도 그렇고, 히타이트인들과 이집트인들도 마찬가지다. 역사 시대가 열리기 직전의 모든 지중해 문명이 함의 소산이다. 그 목록은 문명을 발전시킨 모든 민족의 목록이기도 하다.

성서에 의하면 "하느님께서는 사람의 마음속 생각의 산물이 언제나 악하기만 한 걸 보시고……상심하셨다." 그러나 노아가 있었다. "그 당시 노아는 올바르고 흠 없는 자로서, 하느님의 뜻에 따라 사는 사람이었다."[16] 노아 이전에는 인류가 시작된 이후로 아벨과 에녹만이 의인이었다.

노아는 인류를 파멸로부터 구해 냈다. 그리스 전승에서는 프로메테우스가 그 일을 해낸 것으로 되어 있다. 노아에 해당하는, 그리스 신화의 데우칼리온은 프로메테우스의 아들이다. 플루타르코스의 글에 나오는 오시리스의 시신을 넣은 관과 데우칼리온의 방주는 동일한 그리스 단어로 표기된다. 그런가 하면 그리스도교 전례에서는 노아의 방주가 십자가와 연결된다.

디오니소스처럼 노아 역시 아마도 최초로 포도나무를 심었다. "그는 포도주를 마시고 취해 벌거벗은 채 장막 안에 있었다."[17] 포도주는 빵과 함께 멜기세덱의 손에도 들려 있다. 정의와 평화의 왕이자 지고하신 신의 제사장인 그에게 아브라함은 십일조를 바치고 축복을 얻어 냈다. 그와 관련해 시편은 다음과 같이 노래한다. "야훼께서 내 주에게 말씀하시기를 '내 오른편에 앉아라.……너는 멜기세덱의 법통을 이은 영원한 사제다.'"[18] 그와 관련해 또 성 바울로는 다음과 같이 쓴다. "평강의 왕이요, 아버지도 어머니도 없고, 족보도 없고, 생명의 시작도 끝도 없이 하느님의 아들과 닮아 영원히 사제직을 맡고 계신 분입니다."[19]

이스라엘의 제사장들이 신을 섬길 때는 포도주가 금지되어 있었다. 하지만 그리스도는 그의 공생활 처음부터 끝까지 제자들과 함께 포도주를 마셨다. 그는 그리스인들이 보기엔 디오니소스의 상징적인 거처인 포도나무에 자신을 비유하셨다. 그가 맨 처음 한 일은 물을 포도주로 바꾸는 것이었고, 마지막 과업은 포도주를 신의 피로 바꾸는 것이었다.

노아는 포도주에 취해 벌거벗은 채 장막 안에 있었다. 죄를 짓기 전의 아담과 이브처럼 알몸이었다. 불순종의 죄를 범한 그들은 자신들의 몸은 물론 영혼을 더한층 부끄러워하게 되었다. 그런데 우리가 그들의 범죄와 부끄러움을 공유하며, 물질적·사회적 사고라는 옷으로 영혼을 감싸려고 늘 전전긍긍한다. 한순간이라도 그 옷을 벗게 되면 수치심으로 죽을 것이다. 그러나 플라톤의 말대로라면, 언젠가는 그 옷을 잃게 되어 있다. 누구나 심판을 받기 때문이다. 죽어 벌거벗은 심판관들의 영혼이, 어김없이 죽어 벌거벗은 영혼들을 살피는 것이다. 완벽한 몇몇 존재만이 이 세상에 살아 있는 동안 이미 죽어 벌거벗는다. 십자가에 못 박힌 그리스도의 가난과 벌거벗음에 항상 생각이 고정되어 있었던 아시시의 성 프란체스코가 그랬고, 벌거벗은 영혼밖에는 세상 그 무엇도 원치 않은 십자가의 성 요한이 그랬다. 그들이 벌거벗음을 견딜 수 있었던 건, 포도주에 취해 있었기 때문이다. 제단 위에 날마다 흐르는 포도주에 취해 있어서다. 이 포도주야말로 아담과 이브를 사로잡은 부끄러움을 없애는 유일한 치유책이다.

"함은 아버지가 벌거벗은 걸 보고 밖에 나가 두 형제에게 알렸다." 그러나 두 형제는 그 모습을 보려 하지 않았다. 그들은 외투를 가져와 뒷걸음쳐 들어가 아버지를 덮어 주었다.

이집트와 페니키아는 함의 딸들이다. 많은 전승과 증언에 의해 입증된 헤로도토스의 주장대로라면, 이집트는 종교의 발상지이고 페니키아인들은 그 전파자다. 헬라스인들은 그들의 종교 사상을 펠라스기인들에게서 전수받았는데, 펠라스기인들은 페니키아인들을 통해 이집트로부터 거의 모든 것을 받아들였다. 에제키엘서에 나오는 한 근사한 문구 역시 헤로도토스의 말을 입증해 준다. 두로[20]가 에덴동산의 생명나무를 지키는 천사에 견주어지며, 이집트는 생명나무 자체에 견주어지기 때문이다. 그리스도께서 하늘나라와 동일시하신 나무, 십자가에 매달린 그리스도의 몸이 그 열매인 나무다.

> "두로 왕의 죽음을 애도하여 이렇게 읊어라. '……너는 완벽의 본보기였고……너는 하느님의 동산 에덴에 있어……너는 기름 부음을 받고 지키는 거룹이었으니……불타는 돌들 한복판에서 네가 왕래했다. 네가 지음받던 날로부터 네 품행이 나무랄 데 없더니 마침내 네게서 불의가 드러났다.……'"[21]

"파라오에게 말하라. '너를 무엇에 비할까?……가지가 아름다운 백양목이었다.……꼭대기 가지가 구름을 찔렀다. 물이 그것을 자라게 했다. 하늘의 모든 새가 그 가지에 깃들었고, 그 잔가지 밑에서 온갖 들짐승이 새끼를 쳤으며, 그 그늘에 열방이 거했다. 길게 뿌리 내린 크고 아름다운 나무였다. 그 뿌리가 큰 물까지 닿았으니……하느님의 동산에 자라는 그 어떤 나무도 그만큼 아름답지는 않았다.……하느님의 동산에 있는 모든 나무가 그를 부러워했다.……내가 그 나무를 버렸다. 이방인들이, 가장 포악한 민족들이 그걸 베어 내다 버렸다.……그 폐허에 하늘의 온갖 새가 깃들고……내가 장사를 치르게 했고, 그 나무로 인해 심연의 물줄기를 막아 버렸다.……나는 그 나무를 위해 레바논을 어둠으로 뒤덮었다.'"[22]

열방이 여전히 그 나무 그늘 아래 거할 수 있었다면 얼마나 좋을까! 이집트 이후로 다른 곳에서는 인간에 대한 초자연적인 정의와 자비가 그렇게나 비장한 부드러움을 지니고 묘사된 적이 없었다. 4천 년 전에 쓰인 한 비문에는 다음과 같은 신의 말씀이 들어 있다. "나는 모든 인간이 형제처럼 숨 쉴 수 있도록 네 개의 바람을 만들었다. 가난한 이가 그 주인처럼 마음껏 쓸 수 있는 큰 물을 만들었고, 모든 인간이 형제 같도록 만들었다. 그런데 죄악을 범하는 걸 내가 금했음에도 그들은 마음속으로 나의 명을 무시했다." 그리고 부자든 빈자든 죽어서 오시리스에게 다음과 같이 말할 수 있으면 영원의 하느님, 곧 의롭다 여김을 받는 오시리스가 되었다. "진리의 주님, 제가 당신께 진실을 가져옵니다. 저는 당신을 위해 악을 파괴했습니다." 그러려면 또 이렇게 말할 수 있어야 한다. "저는 명예를 위해 제 이름을 앞세운 적이 없습니다. 저를 위해 누가 시간을 초과해 일하도록 강요한 적이 없습니다. 어떤 노예도 주인에게 벌받게 만든 적이 없습니다. 그 누구도 죽이지 않았습니다. 그 누구도 굶주리게 놔두지 않았습니다. 그 누구도 두려움에 떨게 하지 않았습니다. 그 누구도 울게 한 적이 없습니다. 거만한 목소리로 말한 적도 없습니다. 올바르고 참된 말에 귀를 닫지도 않았습니다."

인간에 대한 초자연적인 연민은 신의 연민, 곧 '수난'에 참여하는 것일 수밖에 없다. 헤로도토스가 본 신성한 장소에서는, 물이 가득한 둥근 돌 수반 옆에서 매년 축제가 거행되었다. 신의 '수난' 광경을 재현하는, '밀의'密儀라 불린 축제였다. 인간은 희생된 '어린양'을 통해서만 신을 볼 수 있다는 걸 이집트인들은 알고 있었다. 헤로도토스의 말대로라면 약 2만 년 전, 성스럽고 어쩌면 신과 같은 존재였던 헤라클레스라는 인간 – 함의 손자인 니므롯과 아마도 동일 인물인 – 이 신과 대면하기를 원해 간청했다.

신은 그러고 싶지 않았지만 그 간청을 못 이기고 숫양 한 마리를 죽여 가죽을 벗긴 뒤 그 머리통을 가면처럼 쓰고 털가죽을 뒤집어쓴 모습으로 나타났다. 이를 기념하여 테베에서는 매년 한 차례 숫양을 죽여, 사람들이 상을 치르는 동안 그 가죽을 제우스 신상에 덮어씌웠다. 그러고 나서 숫양은 신성한 무덤에 매장되었다.

전능하신 창조주와는 다르면서도 하나인, 신의 두 번째 위격에 대한 지식과 사랑. 지혜인 동시에 사랑이며 온 우주에 질서를 부여하고 인간을 가르치신 분. 강생을 통해, 영혼의 구원자며 고통받는 중보자로서의 신성과 인성을 자신 안에서 하나되게 하시는 분. 함의 딸인 나라의 경이로운 나무 그늘 아래서 열방이 찾아낸 게 바로 그것이었다. 그것이 바로 노아 ─ 함이 발견했을 때 벌거벗은 채로 취해 있던 ─ 를 취하게 한 포도주라면, 노아는 아담의 자손들이 공유한 부끄러움을 잃어버린 것임에 틀림없다.

벌거벗은 노아를 보려 하지 않았던 야벳의 후손인 헬라스인들은 무지한 상태로 신성한 땅 그리스에 당도했다. 헤로도토스와 다른 많은 증언들에 비추어 볼 때 이는 명백한 사실이다. 그런데 그들 중 맨 처음 도착한 아카이아인들이 자신들에게 주어진 가르침을 열심히 받아들였다.

그들에게는 '지고의 신'과 다르면서도 동일한 신이 수많은 이름으로 존재했는데, 우리가 편견으로 눈이 멀지 않은 한 그 이름들에서 신을 보지 않을 수 없다. 무수한 관계와 암시, 때론 아주 분명한 증표들로 미루어, 이 모든 이름이 사실은 서로 동일하며 오시리스의 이름과도 맞아떨어지는 것임을 알 수 있기 때문이다. 예컨대 디오니소스, 프로메테우스, 에로스, 천상의 아프로디테, 하데스, 코레, 페르세포네, 미노스, 헤르메스, 아폴로, 아르테미스, 세상의 영혼 같은 이름들이 그것이다. 놀라운 운명을 맞게 되는 또 하나의 이름은 로고스 – 말씀 혹은 관계나 중재를 의미한다고 볼 수 있는 – 이다.

그리스인들에게도 삼위일체의 세 번째 위격 – 다른 두 위격 사이의 관계인 – 에 대한 지식이 있었다. 그것이 이집트로부터 받아들인 지식임이 분명한 것은, 그들에겐 지식의 다른 원천이 없었기 때문이다. 이 지식은 플라톤의 글에 널려 있으며, 헤라클레이토스의 글에서도 이미 발견된다. 헤라클레이토스로부터 영감을 받은 스토아 철학자 클레안테스의 제우스 찬가에는 '삼위일체'가 생생하게 묘사되어 있다.

"당신이 무적의 손안에 붙들고 계신 종의 미덕이 바로 그것입니다.

양날을 지닌 것, 불의 성질을 지닌 것, 영원히 살아 있
는 것, 벼락……
그것을 통해 당신은 만물에 편재한 보편의 로고스를
직접 다스리십니다.……
고귀한 태생이신, 우주 안에 자리한 지고한 왕."

또한 이시스와 동격으로서 여러 이름을 지닌 어떤 여성
적인 존재를 그리스인들은 알고 있었다. 영원한 동정녀이
며 어머니인 존재, 신과 동일하지는 않으나 신성한 존재,
만인과 만물의 '어머니'이며 '중보자'의 어머니. 플라톤은
『티마이오스』에서 그 존재에 대해 나지막해도 또렷한 목
소리로, 부드러움과 두려움을 담아 이야기한다.

야벳이나 셈의 소산인 다른 민족들도 함의 자손들이 전
하는 가르침을 나중에, 그래도 열심히 받아들였다. 켈트
족이 그랬다. 그들은 갈리아에 도착하기 전 드루이드들의
교리를 추종했음이 확실하다. 그러다 갈리아에 이르렀는
데, 그리스 전승에 따르면 갈리아의 드루이드들은 그리스
철학의 여러 기원 중 하나다. 그러고 보면 드루이드교는
이베리아인들의 종교였음이 틀림없다. 우리가 알고 있는
약간의 정보에 따르면 그 교리는 피타고라스 철학과 유사
성을 지닌다. 바빌로니아인들은 메소포타미아 문명을 흡
수했는데, 야만족이었던 아시리아인들은 그 문명에 대해

거의 무지한 상태였음이 분명하다. 로마인들은 영적인 문제에 관한 한 완전히 귀머거리며 장님이었다. 그리스도교 세례를 통해 어느 정도 인간화되기 전에는 말이다. 게르만 원주민들 역시 그리스도교 세례를 통해 어떤 초자연의 개념을 받아들인 듯하다. 그러나 분명 고트족은 예외였다. 게르만족인 동시에 트라키아족이었던 이 의로운 민족은, 이미 불멸과 저세상에 흠뻑 빠져 있던 유목민인 게테족과 동족이었다.

초자연적인 계시에 대해 이스라엘은 거부로 맞섰다. 그들에게 신은 영혼에 대고 은밀하게 말을 걸어오는 분이 아니며, 국가라는 집단 속에 현전하며 전장에서 그들을 보호해 주는 신이어야 했기 때문이다. 그들은 힘과 번영을 원했다. 이집트와 오랫동안 빈번한 접촉을 가졌음에도 히브리인들은 오시리스나 불멸, 구원에 대한 믿음을 이해하지 못했고, 자애를 통해 영원히 신과 하나된다는 믿음 또한 받아들이지 못했다. 이런 거부가 그리스도를 죽음에 이르게 할 수 있었다. 그의 죽음 이후에도 이 거부는 계속되어 그들을 끝없이 흩어지고 고통받게 만들었다.

그럼에도 이스라엘은 섬광과도 같은 빛을 때때로 받아들였고 그 덕분에 그리스도교가 예루살렘에서 시작될 수 있었다. 욥은 유대인이 아니라 메소포타미아인이었지만, 성서에는 그의 놀라운 말들이 담겨 있다. 욥은 거기서 신과 인간 사이의 조정이라는 지고의 역할을 맡은 '중재자' – 헤시오도스의 글에서는 프로메테우스가 맡은 역할이기도 한 – 를 언급한다. 그런가 하면 다니엘은 히브리인들 가운데 잔인한 행동으로 그 이력이 더럽혀지지 않은 첫 번째 인물이었다. 그는 바빌론 유수 시기 갈대아 지방의 지혜를 전수받았으며, 메디아와 페르시아 왕들의 친구가 되었다. 그런데 헤로도토스에 의하면, 페르시아인들은 인간의 형상을 한 신을 일절 거부했지만, 그럼에도 천상의 아프로디테를 미트라라는 이름으로 제우스와 나란히 섬겼다. 성서에 나오는 '지혜'는 그녀임이 틀림없다. 마찬가지로 바빌론 유수 시기에 고통받는 의인이라는 개념이 그리스와 이집트 혹은 다른 곳에서 이스라엘로 스며들었다. 더 나중엔 헬레니즘이 한동안 팔레스타인을 휩쓸었다. 덕분에 그리스도는 제자들을 얻을 수 있었다. 그러나 얼마나 오랜 시간 공들여 신중하게 그들을 가르쳐야 했던가! 반대로 에티오피아 여왕의 내시에게는 그 어떤 준비 과정도 필요 없었다.[23] (헤로도토스의 말을 빌리면, 『일리아스』에 신들이 선택한 땅으로 등장하는 에티오피아에서는 오로지 제우스와 디오니소스만을 섬겼고, 그리스 신화에서 어린 디오니소스가 숨어서 목숨을 부지한 은신처도 바로 그곳에 있었다.) 그 내시는 그리스도의 삶과 죽음의 이야기를 듣는 순간 곧 세례를 받았다.

하지만 로마 제국은 철저히 우상숭배에 빠져 있었다. 우상은 국가였다. 사람들은 황제를 숭배했다. 종교 생활은 모두 이 우상에 종속되어야 했고, 그 어떤 것도 이 우상보다 높이 받들어져선 안 되었다. 그들은 갈리아 지방의 드루이드교도들을 말살했다. 또한 디오니소스 숭배자들을 방탕이라는 죄목으로 죽이고 감금했는데, 그 당시 무수한 방탕 행위들이 공공연히 묵인되었던 사실로 미루어 이 죄목은 근거가 몹시 희박한 것이었다. 피타고라스학파와 스토아학파, 철학자들 역시 추방되었다. 결국 몹시 저급한 우상숭배만 남게 되었으며, 그렇게 해서 초대 그리스도인들이 전수받은 이스라엘의 편견들이 옳았음이 우연의 일치로 입증된 셈이다. 그리스의 비의秘儀는 오래전부터 타락해 있었고, 동양에서 들어온 비의는 오늘날 접신론자들이 지닌 신앙만큼의 진실성을 내포하고 있었던 것이다.

그런 식으로 '이교도'라는 왜곡된 개념이 신빙성을 얻게 되었다. 한창 때의 히브리인들이 우리 사이에서 부활한다면, 우리 모두를 우상숭배라는 죄목으로 모조리, 요람에 누운 아이들마저 학살하고 우리가 사는 도시들을 깡그리 쳐부술 것이 분명하다. 그들은 그리스도를 바알이라 부르고 성모를 아스타르테라 부를 것이다.

그들의 편견이 그리스도교의 본질 자체 안으로 침투해 들어와 유럽을 뿌리 뽑는 동시에 오랜 과거로부터 단절시켜 종교적 삶과 세속적 삶 – 이른바 이교 시대로부터 온전히 계승된 – 사이에 넘을 수 없는 방수벽을 세웠다. 그처럼 뿌리 뽑힌 유럽은 나중에 고대 문명과의 영적 유대를 재구축하지 못한 상태로 그리스도교 전통 자체로부터도 대거 분리됨으로써 더 심각한 뿌리 뽑힘을 경험하게 된다. 그러다 얼마 뒤에는 그들이 지상의 다른 모든 대륙으로 가서 무기와 돈과 기술과 종교적 선전 활동으로 그 대륙들을 뿌리 뽑게 된다. 이제는 지구 전체가 뿌리 뽑힘을 당해 과거를 잃어버렸다고 할 수도 있을 것이다. 초기 그리스도교가 그리스도를 죽음에 이르게 한 전통으로부터 분리되지 못한 게 그 원인이었다. 그러나 그리스도께서 분노를 터뜨리신 건 우상숭배에 대해서가 아니라 바리새인들에 대해서였다. 즉 유대 국가의 종교적 재건을 도모하고 추종했던, 고대 그리스 정신의 적들이다. "너희가 지식의 열쇠를 앗아가 버렸다."[24] 이 비난의 중요성을 그들은 이해했을까?

로마의 지배를 받던 유대 땅에서 태어난 그리스도교는 노아의 세 아들의 정신을 동시에 품고 있다. 그래서 함의 정신을 지닌 그리스도인들과 야벳의 정신을 지닌 그리스도인들 사이에 전쟁이 일어나게 된 것이다. 알비 십자군 전쟁이 바로 그 경우다. 툴루즈에 이집트 양식의 로마네스크 조각상들이 있는 데는 이유가 있다.[25] 취함과 벌거벗음에 참여하기를 거부한 아들들의 정신이 그리스도인들 사이에도 존재했다면, 그리스도교를 배척하고 셈과 야벳이 들고 있던 외투를 보란 듯이 다시 취한 이들에게선 두말할 것도 없다.

노아와 멜기세덱의 포도주에, 그리스도의 피에 참여하는 – 많든 적든, 직접적이든 간접적이든, 의식적으로든 암묵적으로든 – 이들은 모두 이집트와 두로의 형제들이며 함의 양자들이다. 그런데 오늘날엔 야벳의 아들들과 셈의 아들들이 훨씬 큰 소란을 피우고 있다. 한쪽은 강자, 다른 한쪽은 박해받는 자로서, 끔찍한 증오로 갈라선 그들은 형제로서 서로 꼭 닮아 있다. 벌거벗음을 거부하고 옷을 필요로 한다는 점에서 서로 닮아 있다. 육(內)과 무엇보다 집단의 열기로 만들어진 옷, 빛에 맞서 저마다 내면에 품고 있는 악을 보호해 주는 옷이다. 이 옷은 신을 대수롭지 않은 존재로 만든다. 신을 부인하든 인정하든, 거짓 이름으로 부르든 진정한 이름으로 부르든, 그 모두를 무차별적으로 허용한다. 신의 이름이 지니는 초자연적인 힘이 영혼을 변화시킨다는 사실을 두려워하지도 않으면서 신의 이름을 부르는 걸 허용하는 것이다.

세 형제의 이야기 – 여느 이야기에서처럼 막내가 놀라운 모험을 선사받은 – 는 지중해 연안에서 멀리 떨어진 곳까지 전파되었을까? 추측하기 어렵다. 힌두교 전승은 영감의 핵심적인 부분이 그리스 사상과 놀랄 만큼 흡사하긴 해도, 아마 인도-유럽인[26]에게서 유래한 건 아니라는 생각을 할 수 있을 뿐이다. 반대로 그 전승이 인도-유럽인에게서 유래했다면, 헬라스인들은 그리스에 당도할 당시 이미 그 전승을 소유하고 있어 모든 것을 처음부터 배워야만 할 필요는 없었을 것이다. 다른 한편, 논노스의 말대로라면 디오니소스 전승에는 인도가 두 차례 언급된다. 자그레우스[27]는 히다스페스라는 인도의 강 부근에서 자랐고, 디오니소스는 인도로 탐험을 떠났던 것 같다. 이 여행 중에 한 불경건한 왕을 만나게 되는데, 무기도 없는 그는 카르멜산 남쪽에서 이 왕이 풀어놓은 군대의 공격을 받고 홍해로 숨어들지 않을 수 없게 된 듯하다. 『일리아스』에도 이 사건이 언급되지만 장소는 나와 있지 않다. 이스라엘과 관련이 있는 걸까? 어찌 됐든 디오니소스와 비슈누의 유사성은 명백하며, 디오니소스는 바쿠스라고도 불린다. 인도에 대해 그 이상은 말할 수 있는 게 없다. 아시아의 다른 지역에 대해서도, 오세아니아나 아메리카나 사하라 이남 아프리카에 대해서도 말할 수 있는 게 아무것도 없는 듯하다.

그렇더라도 세 형제의 전설은 지중해 연안 역사의 열쇠가 되어 준다. 함은 실제로 저주를 받았다. 그런데 이 저주는 지나친 아름다움과 순수함 때문에 불행을 겪어야 하는 모든 것, 모든 존재가 공유하는 것이기도 하다. 수세기에 걸쳐 무수한 침략이 이어졌다. 침략자들은 언제나 자발적으로 장님 행세를 한 아들들의 자손이었다. 이 침략자 민족이 그 고장 — 함의 고장이기도 한 — 의 정신에 복종하고 그 영감을 흡수할 때마다 문명이 생겨났다. 반대로 그 민족이 자신들의 교만한 무지를 선호할 때마다 야만이 성행했으며, 죽음보다 더 무서운 어둠이 수세기에 걸쳐 세력을 행사했다.

함의 정신이 이 연안에서 조만간 다시 꽃 피어나기를 기원한다.

보충 자료

노아가 계시를 받았다는 또 다른 증거가 있다. 성서에는 신께서 노아라는 인간을 통해 인류와 계약을 맺으셨으며 무지개가 그 증거라고 되어 있다. 그런데 신께서 인간과 맺으신 계약은 계시일 수밖에 없다.

이 계시는 희생의 개념과 관계가 있다. 신은 노아가 바친 희생 제물의 냄새를 맡으며 다시는 인류를 멸하지 않겠다고 결심하셨다. 속죄의 희생 제물이었던 것이다. 그것은 그리스도의 희생을 예감케 하는 것일 수도 있다.

그리스도인들은 그리스도의 '고난'을 날마다 반복하는 희생 제사를 미사라 부른다. 서력西曆 기원 이전의 『바가바드기타』에서는 강생한 신이 말씀하신다. "희생 제물이란, 이 몸 안에 존재하는 나 자신이다." 그러고 보면 희생과 강생, 그 두 개념의 관련성은 매우 오래된 것일 수 있다.

트로이 전쟁은 함에 맞선 두 형제의 증오가 빚어낸 더없이 비극적인 사례들 가운데 하나다. 그것은 함에 대한 야벳의 위해 행위였다. 트로이인들 편에는 함의 자손들뿐이며, 그 반대편에는 함의 자손이 전혀 없다.

확증된 사실이나 다름없는 명백한 예외가 하나 있다. 다름 아닌 크레타인들이다. 크레타는 함에게서 유래한 문명의 보배들 가운데 하나였다. 그런데 『일리아스』에서 우리는 크레타인들이 아카이아인들 편에 있는 것을 본다.

그러나 헤로도토스에 의하면 그들은 가짜 크레타인들이었다. 황무지나 다름없게 된 그 섬에 얼마 전부터 들어와 사는 헬라스인들이었던 것이다. 어쨌거나 그들이 전쟁에 참가한 것에 화가 나 있었던 미노스는 그들이 돌아오자 그들에게 흑사병을 내린다. 그런가 하면 기원전 5세기 델포이 신전의 무녀 퓨티아는 크레타인들이 페르시아 전쟁[28]에서 그리스군에 합류하는 것을 금했다.

이 트로이 전쟁은 분명 한 문명 전체를 송두리째 파괴하려는 시도였다. 그리고 그 시도는 성공을 거두었다.

호메로스는 트로이를 항상 '성스러운 일리온'[29]이라 부른다. 이 전쟁은 그리스인들의 원죄며 회한이었다. 그래도 이 회한 덕분에 학살자인 그리스인들은 그 희생자인 트로이인들의 정신을 일부 계승할 자격을 얻게 되었다.

그러나 도리아인들을 제외하면 그리스인들은 헬라스인들과 펠라스기인들의 혼합이었다. 헬라스인들이 침략자 집단이었지만, 지배자는 사실상 펠라스기인들이었다. 펠라스기인들은 함의 후손이다. 헬라스인들은 모든 것을 그들에게서 배웠다. 특히 아테네인들은 거의 순수한 펠라스기인들이었다.

학자들의 의견이 나뉘는 두 가설 중 히브리인들이 기원전 13세기에 이집트를 탈출했다는 가설을 인정한다면, 그들의 탈출 시기는 헤로도토스가 지적한 것처럼 트로이 전쟁 시기와 가깝다.

그렇게 되면 머릿속에서 간단한 추측을 해볼 수 있다. 히브리인들이 사막을 충분히 헤맨 터라 이젠 팔레스타인으로 들어갈 수 있겠다고 모세가 – 신의 영감을 받았든 그렇지 않았든 – 판단한 순간은, 그 고장 전사들이 모두 트로이 전쟁에 참여하러 떠나고 없는 시기였다. 트로이인들은 아주 먼 고장의 민족들에게까지 도움을 요청했기 때문이다. 따라서 여호수아가 이끄는 히브리인들은 무방비 상태의 주민들을 어렵지 않게, 큰 기적의 도움 없이도 학살할 수 있었다. 어느 날 트로이로 떠났던 전사들이 돌아왔고, 그렇게 정복은 멈추었다. 우리는 판관기 첫 부분에서 히브리인들의 전진이 여호수아서 마지막 부분에서보다 훨씬 더딘 것을 보게 된다. 또한 그들이 여호수아의 지휘 아래 완전히 멸했다는 주민들과 여전히 싸우고 있는 모습을 보게 된다.

성서에는 트로이 전쟁이 흔적조차 남아 있지 않으며, 그리스 전승에도 히브리인들의 팔레스타인 정복에 대한 이야기가 전혀 없다는 것. 그 이유를 우리는 그렇게 해서 이해하게 된다.

그렇더라도 헤로도토스가 이스라엘에 대해 완벽히 침묵한 건 큰 수수께끼로 남아 있다. 그 당시 이 민족은 신성모독적인 존재로, 입에 담아선 안 되는 무언가로 간주되었다고 볼 수밖에 없다. 무장 해제된 디오니소스를 무기를 가지고 공격한 왕인 리쿠르코스라는 이름이 바로 그 민족을 대변한다면, 그런 상정이 가능해진다. 그러나 그들이 유배지에서 돌아와 성전을 재건한 뒤에는 분명 변화가 있었다.

APPENDICE

부록

J.-M. 페랭 신부에게 보내는 편지[1]

(발췌)

……설령 진리에 반하는 오류를 주장할지언정, 항상 자신
이 생각하는 바를 주장해야 한다고 저는 믿습니다. 동시
에 더 많은 진실을 얻기 위해 끊임없이 기도해야 합니다.
지성이 보다 많은 깨달음을 얻는 순간엔, 자신의 어떤 의
견이라도 곧 포기할 준비가 늘 되어 있어야 하고요. 하지
만 그 순간이 닥치기 전에 그래선 안 됩니다.

사유 밖에 존재하는 교리들의 치밀한 집합체에 대해서라
면, 저는 그것들이 무한히 소중한 것이라 믿습니다. 하지
만 그것들은 신앙의 대상이라기보다 주의를 끌기 위해 주
어진 것일 겁니다. 그런 집합체 속에서 빛을 발하는 몇몇
지점을 확실히 인지했을 때, 우리는 아직 베일에 싸인 부

분들도 그럴 거라는 착각을 하게 됩니다. 대개는 충분한 주의를 기울여 그것들을 바라보지 않았기 때문이지요. 제가 '대개는'이라고 말하는 건, 인간이기에 불가피한 왜곡의 부분과 그로 인해 완전히 그르치는 부분도 존재한다는 뜻입니다. 어쨌거나 이 문제에 대해선 오해가 없도록 항상 조심해야 합니다. 이 치밀한 집합체 속의 베일에 싸인 부분들에 대해서는, 거기서 빛이 솟는 게 보일 때까지 바라보아야 합니다. 그 순간이 오기 전에는 그저 주의를 기울일 뿐, 어떤 동의도 표해선 안 됩니다. 비길 데 없이 강렬한 주의력, 사랑이 함께하는 주의력, 기도나 다름없는 주의력이 있어야 합니다. 그래도 그런 집합체가 없다면 우리는 이미 빛이 보이는 그곳만을 바라보게 될 테며, 따라서 발전도 없겠지요.

예전엔 제 기분을 상하게 했지만 지금은 분명히 이해되는 복음서의 구절들이 있습니다. 그 안에 담긴 진실은 예전에 제가 짐작해 보며 불쾌하게 여겼던 의미와는 판이했어요. 그것들을 주의와 사랑을 기울여 읽고 또 읽지 않았다면 제가 그 진실에 도달할 수는 없었겠지요. 반대로 제 자신의 의견을 단념했더라면, 그 구절들이 담고 있는 빛을 알아보기도 전에 그것들에 순종했더라면, 마찬가지로 그 진실에 이르지 못했을 겁니다. 복음서의 또 다른 구절들도 여전히 제겐 수수께끼예요. 그러나 시간이 흐르고 은총의 도움을 받아 주의와 사랑을 기울이게 된다면, 언젠가는 거의 모든 구절의 의미가 명료해지겠지요. 가톨릭 신앙의 교리들도 그럴 테고요.

다른 종교 전통이나 형이상학 전통들, 다른 경전들에 대해서도 저의 정신적인 태도는 동일합니다. 제겐 가톨릭 신앙이 가장 빛으로 충만한 것처럼 보이지만요. 신부님과 처음 대화를 나누면서 다른 종교들과 관련해 제가 느끼는 난관을 털어놓았을 때, 신부님께서는 시간이 흐르면 이 난관이 중요해 보이지 않게 될 거라 말씀하셨죠. 그러나 솔직히 말씀드리면, 그 점에 대해 깊이 생각할수록 교회의 전통적인 입장을 받아들일 수 없겠다 싶어요. 깊이 생각할수록 이 문제는 더 중요하게 다가옵니다. 교회의 이런 전통적인 입장은 다른 종교들뿐 아니라 가톨릭 종교의 위상까지 격하시키니까요. 그러나 이젠 세례를 가로막는 넘을 수 없는 장애물이 거기 있는 것 같지는 않습니다. 제 생각엔 – 어쩌면 틀린 생각일 수도 있지만 – 이 점에 있어서 교회의 태도가 가톨릭 신앙의 본질적인 요소는 아니거든요. 천문학에 대해, 물리학과 생물학에 대해, 역사와 비평에 대해 교회가 태도를 바꾸었듯, 이 점에 대해서도 교회는 그럴 수 있을 테니까요. 교회는 태도를 바꿔야 하고, 그러지 않을 수 없을 거라는 생각마저 듭니다.

이 문제에 대해선 드릴 말씀이 많지만 자제하겠습니다. 한마디만 덧붙일게요. 그리스도께서 오시기 훨씬 이전인 역사 시대가 동틀 무렵, 이스라엘이 받은 계시를 능가하는 어떤 계시가 존재했다는 명백한 증거가 성서 자체에 들어 있다고 봅니다. 멜기세덱의 이야기와 그것에 대한 성 바울로의 설명은 그런 의미로밖에 해석되지 않는 듯해요. 성 바울로의 말을 읽노라면 '말씀'의 또 다른 강생을 다루고 있다는 느낌입니다. 그렇게까지는 아니라 해도, "너는 멜기세덱의 법통을 이은 영원한 사제다"라는 구절은, 멜기세덱이 그리스도교의 계시와 – 그보다는 덜 완전해도 동일한 수준의 – 유사한 계시에 결부되어 있었음을 분명히 보여줍니다. 이스라엘이 받은 계시는 몹시 열등한 수준의 계시지만 말입니다. 우리는 멜기세덱에 대해 아는 바가 전혀 없습니다. 그렇지 않다면……

귀스타브 티봉에게 보내는 편지[2]

(발췌)

……어제저녁 페랭 신부님께서 하시는 말씀을 들으며 제가 몹시 거북했다는 걸 짐작하시겠지요. 스스로에게 정직하지 못한 말이라는 느낌까지 받았으니까요. 저는 신부님께 거짓말을 하지 않으려고 항상 노력했는데 말입니다. 제가 신부님을 실망시켜 그분의 마음을 아프게 할 수도 있다는 건 생각만 해도 끔찍합니다. 신부님을 향한 저의 애정 때문이기도 하고, 제가 잘되기를 바라는 그분의 사랑에 감사하고 있으니까요. 그렇더라도 신부님의 마음을 아프게 하지 않으려고 교회의 일원이 될 순 없는 노릇이지요.……

신부님께서 무슨 말씀을 하시는 건지 도무지 이해할 수

없네요. 그분이 제게 "주님의 완전하심을 전한다"는 말씀을 하셨을 때, 그건 성인들이나 성스러움에 근접한 이들만이 소유한 무언가를 염두에 두고 하신 말씀일까요? 하지만 절대로 성사가 그런 효력을 발휘할 순 없습니다. 성사에 의해 성스러움을 부여받는다고 믿는 사람은 아무도 없으니까요. 그분이 오늘 저녁 제게 세례를 베푸신다 해도, 내일의 나는 거의 지금 이 순간만큼이나 성스러움과는 거리가 있겠지요. 성사에 불참하는 것보다 훨씬 극복하기 어려운 장애물들 때문에, 또 불행 때문에 성스러움과는 동떨어져 있으니까요. 페랭 신부님께서 말씀하시는 것이 독실한 가톨릭 신자라면 누구나 받은 그런 신의 전언傳言이라면, 저로선 그런 일이 제게 닥칠 수 있다는 생각을 할 수 없습니다. 마찬가지로 신부님께서 '양 우리'에 대해 언급하셨을 때 그게 '복음', 곧 '신의 왕국'이라는 의미에서 하신 말씀이라면, 불행히도 저는 거기서 아주 멀리, 까마득히 멀리 떨어져 있습니다. 그분이 의미하신 게 교회라면, 제가 가까이 있는 건 사실이죠. 바로 문 앞에 있으니까요. 그렇다고 제가 거기에 곧 들어갈 거라는 말은 아닙니다. 그러려면 아직 어떤 자극이 필요합니다. 그게 없다면 문 앞에 무한정 남아 있을지도 모릅니다. 페랭 신부님을 기쁘게 해드리고 싶다는 저의 강한 열망도 이 자극을 대신할 순 없으며, 그저 어떤 부당한 혼돈이 생겨나지 않도록 저를 제지할 수 있을 따름이지요.

이 순간 저는 교회 안으로 들어가느니, 차라리 교회를 위해 죽을 준비가 되어 있습니다. 교회가 머잖아 자신을 위해 누가 죽는 걸 필요로 한다면 말이죠. 죽는다는 건 말하자면 아무것도 가담하지 않는 것이고, 거기엔 거짓이 끼어들 여지가 없습니다.

불행히도 저는 무얼 하든, 교회 밖에 머무르든 그 안으로 들어가든, 거짓말을 하고 있는 듯한 느낌이에요. 거짓이 덜한 쪽이 어느 쪽인지 알아야 하는데, 이 문제는 여전히 제 머릿속에 미결로 남아 있습니다. 이 점을 두고 페랭 신부님께 조언을 구할 수 없음이 몹시 안타깝습니다. 제가 직면한 문제를 신부님 앞에 있는 그대로 내놓을 순 없거든요.

사랑하는 이들에게 기쁨을 주고 싶은 마음이 언제나 간절한데도, 운명은 저로 하여금 늘 그들을 곤란에 빠트리는 원인이나 계기가 되게 만든답니다.

모리스 슈만에게 보내는 편지[3]

(발췌)

……영혼의 모든 범용한 부분은 동물의 육신이 임박한 죽음을 피해 뒤로 물러설 때보다 더 성사를 두려워하며, 그것을 혐오하고 증오합니다.……신에 대한 갈망이 실재할수록, 그 결과 성사를 통한 신과의 접촉이 더한층 강렬할수록 영혼의 범용한 부분의 반란은 더 거세어지지요. 산육신이 불에 넣어지려는 순간 움츠러드는 것과도 같은 현상입니다. 이 현상은 경우에 따라 주로 혐오나 증오, 두려움의 색채를 띱니다.……영혼의 범용한 부분은 살아남으려고, 불길에 파괴되지 않으려고 필사적으로 애쓰며, 열띤 활기를 발휘해 여러 논거를 생각해 내지요. 신학이라든지, 합당치 않은 성사의 위험에 대한 경고 등, 영혼은 온갖 병기고에서 논거를 끌어온답니다. 그런 생각들이 떠

오르는 순간 영혼이 철저히 귀를 닫아 버린다면, 이 내면의 동요는 이루 말할 수 없이 다행스러운 것이 되지요. 뒷걸음질 치고 반란을 일으키고 두려워하는 내면의 움직임이 격렬할수록, 성사는 영혼 안에 깃든 수많은 악을 쳐부수게 될 테며 영혼을 완벽의 상태에 더한층 가까이 데려다 놓을 테니까요.

주

—— 편지

1   에밀 뒤르켐(1858-1917). 프랑스 사회학자.

2   마태오 10:33.

3   루가 4:6.

4   마태오 12:43-45.

5   조지 허버트(1593-1633)의 시 '사랑.'Love

6   성 프란체스코(1181?-1226)와 그 제자들의 행적과 어록을 모아 놓은 책.

7   감각·관념·의도 따위가 이성에 호소함 없이 수동적·무비판적으로 수용
    되는 심리 과정으로서 일종의 최면 효과.

8   라틴어로 '인내'를 의미한다.

9   '저주받을지어다'라는 뜻의 라틴어 단어. 교회의 준엄한 단죄가 곁들여
    진 영구 파문을 의미한다.

10 1260-1327년, 독일의 로마가톨릭 신비주의 사상가.

11 마태오 6:6.

12 그리스도는 머리이고 신자들은 지체로서 서로 결합해 신비로운 몸을
    이룸을 의미한다. 요한 15:4-5 참조.

13 1209-1229년, 프랑스 왕국 남부 알비 지역을 중심으로 퍼진 카타리파
    를 이단으로 규정한 로마가톨릭교회가 그들을 토벌하기 위해 벌인 십
    자군 전쟁.

14 '온화한', '깨끗한 마음으로', '평화로운.'

15 마태오 22:34-40.

16 베유는 3주간 카사블랑카에서 머문 뒤 6월 말 뉴욕에 도착하며, 11월에
    는 런던으로 건너가 자유프랑스정부에 합류한다.

17 Solange B.

18 1542-1591년, 카르멜회 수사이자 사제이며 반종교개혁의 주요 인물 중
    한 명. 그의 시와 연구물은 스페인 문학 및 신비주의 문학의 정점으로
    간주된다.

19 자크 마리탱(1882-1973). 프랑스 철학자, 20세기 주요 토마스주의자

중 한 명.

20   루가 13:6-9.

—— 에세이

1   마태오 7:9.

2   장 마리 비안네(1786-1859). 프랑스 가톨릭교회의 사제, 모든 본당 신부의 수호성인.

3   에페소 3:17-19.

4   그리스와 에게해에 있었던 청동기 시대 문명. 크레타섬, 키클라데스 제도, 그리스 본토, 이 세 개별 지역을 아우르는 문명이었다.

5   히브리서 11:1.

6   지혜서 7:24.

7   루가 11:52.

8   중세 프랑스 무훈시『롤랑의 노래』에 등장하는 군마.

9   자기 자신이 주는 자극에 반응하여 암시를 받는 행위.

10   "당신은 나를 찾느라 기진하셨나이다." 레퀴엠의 부속가 Recordare에 나오는 부분.

11   몰리에르의 희곡『아내들의 학교』.

12   몰리에르의 희곡『수전노』.

13   라신의 희곡.

14   창세기 6:5.

15   1754-1838년, 프랑스 혁명기부터 왕정복고 시기까지 활약한 정치인이자 외교관.

16   창세기 6:9.

17   창세기 9:21.

18   시편 110:1-4.

19   히브리서 7:2-3.

20   레바논 남부의 도시 티레.

21   에제키엘 28:12-15.

22   에제키엘 31:2-15.

23   사도행전 8:26-39.

24   루가 11:52.

25 카타리파는 알비를 중심으로 퍼져 '알비파'로 불리기도 했지만, 실제 중심지는 알비가 아니라 툴루즈였다고 한다.

26 그리스인의 혈연적 직계 조상.

27 그리스 신화의 신. 전승에 따라 디오니소스와 동일시되기도 한다.

28 기원전 499-450년, 고대 그리스 도시국가 연합과 페르시아 제국이 격돌한 전쟁.

29 그리스 신화에 나오는 트로이의 건설자 일로스의 도시라는 뜻. 나중에는 일로스의 아버지 트로스의 이름을 빌려 와 트로이라 불리게 된다.

—— 부록

1 1942년 4월에 작성된 편지. 페랭 신부의 말에 따르면 첫 페이지는 소실되었다.

2 마찬가지로 1942년 4월에 작성된 편지.

3 1943년에 작성된 편지.